Mi bebé

Es presentado a:

En ocasión de

Por

Fecha

MI BEBÉ
LAS PRIMERAS SEIS SEMANAS

REBECCA INGRAM POWELL

Mi bebé
Las primeras seis semanas

Publicado por Editorial Patmos
www.editorialpatmos.com

Publicado originalmente en inglés por New Hope Publishers, P. O. Box 12065, Birmingham, Alabama 35202 © 2004 por Rebecca Ingram Powel

Las citas bíblicas se toman de la Nueva Versión Internacional, © 1999 por la Sociedad Bíblica Internacional.

Traducido por Wendy Bello
Diseño de portada por Marlon Soares
Proyecto gráfico y diagramación Wagner Leonardo Francia
Ilsutraciones de capitulos: Marcelo Cruz

ISBN 10: 1588026205
ISBN 13: 9781588026200

Categoría: Madres / Familia

Impreso en Brasil
Printed in Brazil

Contenido

Dedicatoria

Dedicado con amor a mi madre, Mary Lou Ingram, y a mi suegra, Patricia Powell

Agradecimientos

Gracias, Dios por...

- Mi maravilloso esposo, que fielmente me apoya en todos mis esfuerzos. Rich, tú eres mi mejor amigo y te amo.
- Mis hijos, que juegan juntos tranquilos mientras mamá escribe en la computadora. Danya, David, y Derek, ustedes son regalos de Dios, y me siento muy bendecida por ser su madre. ¡Los amo! Sin ustedes, este libro nunca se hubiera escrito.
- Ginger Moore y Sondra Dean, cuyos embarazos alimentaron el sueño, el deseo y la fecha de entrega para el manuscrito de Mi bebé.
- Lone Barber y Micca Campbell, quienes oran conmigo y por mí, y las muchas otras compañeras de oración que han orado fervientemente por el libro Mi bebé.
- El Dr. Rick Barkley, cuyo sermón laico sobre la playa Omaha llegó en el momento justo.
- Jon y Sherry Walker, que comparten con Rich y conmigo sus talentos de una manera tan gentil, y su amistad con tanto cariño.
- Jeff y Rhonda Morris, por su amistad, sus oraciones y su apoyo.
- Mis padres, el reverendo Ted J. Ingram y su esposa, cuyo cristianismo vivido frente a mí cada día fue la influencia más profunda en mi vida.
- Y más que nada, por el Señor Jesucristo, ¡quien llama a los que tienen menos probabilidades a hacer lo inimaginable con resultados insuperables!

Prefacio

Ser anfitriona de programas de televisión nacional, y producirlos, me sirvió de muy poco para prepararme para la maternidad. Experimentar el parto, una cesárea y hasta los meses siguientes me dejaron con la sensación de haber entrado a una "zona de guerra" con mucho cansancio, tanto físico y mental como espiritual. El libro Mi bebé me hubiera proporcionado las municiones que necesitaba para llegar más rápido a la victoria.

En Mi bebé, Rebecca Ingram Powell saca a luz las realidades que todas las mujeres enfrentan al convertirse en mamá. Ahora, al prepararse para entrar a la "guerra" más difícil pero más gratificante que librarán jamás, no tienen que sentirse aisladas ni solas. Mi bebé es un libro de lecturas diarias que anima y que está lleno de historias bíblicas que fomentan la fe, así como una guía práctica para la supervivencia que ayudará a las nuevas madres a sacar un mayor provecho a la maternidad. Con páginas llenas de sabiduría, conocimiento y consejos prácticos, Mi bebé es una lectura obligada para toda nueva madre.

Debra Maffett Wilson
Miss America 1983

Introducción

Querida amiga,

¡Felicidades! Si estás leyendo este libro, eres una nueva mamá. Tu bebé es hermoso. Los hijos son una bendición de Dios. Él te ama y también ama a tu bebé.

Este libro fue escrito para ti. Mi objetivo al escribirlo ha sido ayudarte durante las primeras seis semanas de la vida de tu hijo. Hay 42 lecturas, que incluyen pasajes de la Biblia, para que puedas pasar este maravilloso período al que yo denomino con cariño "un campamento militar".

Es importante que tomes unos instantes cada día sólo para ti. Lee el pasaje bíblico del día y la lectura y disfruta un tiempo tranquilo con Dios para pensar, reflexionar y orar. Antes de que te des cuenta, estas primeras seis semanas serán sólo un recuerdo.

El libro Mi bebé se escribió pensando en ti. Recuerdo tantas ocasiones durante las primeras seis semanas de cada uno de mis tres hijos en las que yo sólo anhelaba un poco de ánimo. Mi oración es que Dios te hable a través de las páginas de este libro y, sobre todo, a través de la porción de su Palabra que antecede a cada lectura. Que sea exactamente lo que tú necesitas, que te anime en los días que tienes por delante.

Que Dios te bendiga a ti y a tu bebé,

Rebecca

P.D. Las lecturas del Día 5, Día 7 y Día 8 incluyen los "versículos para la vida" de mis hijos. Estos son versículos que mi esposo y yo le pedimos al Señor antes del nacimiento de cada hijo. Imprimimos estos pasajes en los anuncios de sus nacimientos y se han convertido en oraciones de por vida por cada hijo. Te animo a que busques un "versículo para la vida" de tu bebé. Conviértelo en una bendición nocturna, una canción diaria y una promesa de por vida para tu pequeño.

Día 1

Bienvenida al Campamento "Bebé"

Los hijos son una herencia del Señor,
los frutos del vientre son una recompensa.
Como flechas en las manos del guerrero
son los hijos de la juventud.
Dichosos los que llenan su aljaba
con esta clase de flechas.
No serán avergonzados por sus enemigos
cuando litiguen con ellos en los tribunales.
Salmo 127:3-5

Cuando nuestra hija mayor nació, nuestro seguro sólo permitía una noche de estancia en el hospital. Danielle Grace Powell, "Danya", nació a las 22:17 horas. Estábamos de vuelta en la casa a la una de la tarde del día siguiente. Totalmente agotada, yo apenas recuerdo algo de ese regreso a casa, excepto que nuestra clase de la Escuela Dominical había decorado la puerta de nuestro apartamento con serpentinas y globos rosados. Fue un toque reconfortante y nos dio la bienvenida a los tres a casa. Inmediatamente nos acostamos, todos completamente exhaustos.

Recuerdo que me desperté con fuertes golpes en la puerta. ¡Parecía como si alguien estuviera tratando de derrumbarla! Rich dio un salto y corrió a la puerta. Mientras yo me abría paso lentamente por el pasillo, lo escuché hablando con nuestros vecinos, una pareja joven con una niñita de unos 18 meses. Le explicaban que habían venido antes y tocaron a la puerta, pero nadie respondió. Luego trataron de llamarnos por teléfono, pero nadie contestó. Habían visto nuestro auto y todos los adornos en la puerta y se preocuparon, porque sabían que acabábamos de llegar a casa del hospital. Así que regresaron y comenzaron a golpear la puerta. Estábamos tan cansados que no habíamos escuchado el teléfono ni cuando tocaron a la puerta.

Trajeron una fuente con espagueti hirviendo, pan recién horneado y bizcochos de chocolates hechos en casa. ¡Qué muestra tan maravillosa y considerada de hospitalidad y cordialidad! Y, por extraño que parezca, realmente no conocíamos muy bien a esta pareja. Sin embargo, esta joven mujer se puso en mi lugar, vio mi necesidad y la satisfizo. Ella recordaba cómo era tener un bebé recién nacido. Ella había pasado por eso. Lo sabía.

Yo ahora he pasado por lo que tú estás pasando, ser una nueva mamá. De hecho, he pasado por eso tres veces. A menudo me refiero a estas primeras seis semanas como un "campamento militar". Así que, ¡bienvenida al Campamento "Bebé"!

Es duro.

Es un tiempo de entrenamiento y disciplina estrictos.

Es una preparación para la vida futura.

Es dar cimientos a tu corazón, tu mente y tu alma.

Es aprender a pensar en otro antes que en ti misma.

Pero la mejor parte de este campamento militar es que no tienes que pasarlo sola. Jesucristo quiere pasarlo contigo, escalar los muros contigo, saltar de alegría contigo y correr la carrera contigo. Tal vez realmente no te has dado cuenta de su presencia, como yo no había notado la de mi vecina. Yo sabía que ella estaba allí, pero pasar tiempo con ella realmente no estaba en mi agenda. Estaba tan ocupada entrando y saliendo que nunca me detuve a conversar con ella más allá del saludo ocasional. ¡Pero ella tenía cosas buenas para mí! Ella sabía lo que yo necesitaba, cuando lo necesitaba exactamente. Lamento que le tomó tanto tiempo captar mi atención.

Quizá este libro sirva como un llamado de alerta para ti. Puede que Dios no derrumbe la puerta de tu corazón, pero sin dudas que él tiene maneras de despertarnos. Como mi vecina, él sólo tiene cosas buenas para ti, nueva mamá, cosas maravillosas como la bendición palpable, adorable de un hijo. ¿Quién puede comprender esta gran recompensa? Esta es tu herencia del Señor, ¡viene directo de sus riquezas en gloria!

Por favor, descansa y disfruta esta primera noche en casa juntos como familia. Saborea la sensación de esta primera noche porque pronto no podrás recordar cómo era tener una casa vacía.

Deléitate en el contraste de vacío versus lleno.
¡Maravíllate ante la diferencia entre dos y tres!
¡Anótalo en tu memoria para que lo atesores siempre!

La Primera Noche En Casa

¡Silencio, silencio, que el bebé duerme!
Sigilosos los ángeles andan a su alrededor,
suavemente van de puntillas, suspiran,
y de arrullos llenan su habitación.

Sus voces son cálidas como viento de verano;
cuidan de mi bebé cual pastor a sus ovejas.
Una mezcla de susurros tan dulce y espesa,
como la respiración de un bebé, profunda y tierna.

La mecedora chirriante se une
A la armonía de la orquesta angelical.
Mi corazón nunca ha escuchado tal sonido,
¡Una éxtasis de tres kilogramos!

La llegada a casa es tan dulce,
y ahora nuestra vida está completa.
¡Nos unimos al coro de Sión que alaba a Cristo!
Él ha bendecido nuestro amor con esta nueva vida.

Los guardianes que él prometió rodean su cunita
mientras yo acuesto su preciosa cabecita.
El cuarto celestial, un gozo que antes no conocía,
el cielo en la tierra, ¡su primera noche en casa!

Alaba a Dios por adelantado por todo lo que te enseñará en los días que tienes por delante.

Día 2

Reclutada

Hagamos al ser humano a nuestra imagen y semejanza. Que tenga dominio sobre los peces del mar, y sobre las aves del cielo; sobre los animales domésticos, sobre los animales salvajes, y sobre todos los reptiles que se arrastran por el suelo.

Y Dios creó al ser humano a su imagen; lo creó a imagen de Dios. Hombre y mujer los creó... **Y Dios el Señor formó al hombre del polvo de la tierra, y sopló en su nariz hálito de vida, y el hombre se convirtió en un ser viviente.**

Génesis 1:26-27, 2:7

Qué difícil es esperar por un nuevo bebé! Es un tiempo agradable para imaginar, desear y anhelar. Uno se pregunta cómo será esa personita, desde el género, la personalidad, hasta las manitos y los pies. Uno desea que la fecha llegue pronto y cuando llega, uno quiere estar preparado. Preparar la habitación del bebé toma mucho tiempo y es una buena válvula de escape para los padres. Una vez que Rich y yo armamos la cuna y la pusimos en su lugar, parte de nuestra rutina nocturna era entrar a esa habitación, tranquila y estéril por su novedad y mirar cada cosa antes de irnos a dormir. La familia y los amigos nos habían colmado de regalos, tanto que se me hacía difícil encontrar algo que nosotros hubiéramos comprado. Cuántas veces debo haber alisado la frazada de la cama de ese bebé, girado el juguete móvil tiernamente, ajustado el cojín del sillón y haberme asegurado de tener los pañales y las toallitas en el cambiador. Yo pensaba que nuestra habitación para el bebé estaba completamente decorada, terminada, y sólo faltaba que llegara el bebé. Lo que no entendía era cuán vacía, incompleta y desnuda estaba, hasta que ella llegó a casa del hospital y Dios puso el espíritu de vida en esa pequeña habitación. ¡Qué revelación tan asombrosa! Una vez que uno sabe que el bebé viene, hay un vacío que se hace cada vez mayor a medida que la barriga crece y un anhelo que se hace más intenso con el paso de cada día. Es un anhelo que cada vez aumenta más, que resuena desde el mismo corazón de tu ser como mujer, de abrazar, besar, acariciar y comunicarte con este extraño a quien conoces tan bien. Hasta que ese bebé nazca parece como que algo falta.

De manera similar, llega un momento en la vida de cada persona cuando esta comprende que realmente algo falta. Es parte de nuestra naturaleza humana el tratar de llenar ese vacío con diferentes cosas: otras personas, posesiones, prominencia, placer. Pero nada llenará ese lugar vacío porque, verás, ese anhelo viene de tu espíritu y tu espíritu no quedará satisfecho con más nada que no sea Jesús. Ese vacío es sencillamente un reconocimiento de la separación que existe entre tú y Dios, tu creador. Se produjo como resultado del pecado, nuestra desobediencia de no guardar las normas de un Dios justo. El pecado nos separa de una relación con Dios, ¡pero no nos separa de su amor! Él demostró que nos amaba y nos llama a ir a él mediante su hijo, Jesucristo. Jesús murió en la cruz para limpiarnos de nuestros pecados, reestablecer nuestra relación con Dios y cubrirnos con su justicia.

Un entrevistador de famosos fue a su vez entrevistado en un programa popular hace unos años. Le preguntaron cuál sería para él la entrevista suprema. Él contestó que le gustaría entrevistar a Dios.

—¿Qué le preguntarías? —dijo el presentador.

Sin dudar ni un instante, el hombre contestó:

—¿Usted tiene un hijo?

Hasta este hombre, que hace todas las preguntas, tiene una para la cual su corazón reclama una respuesta, y en su vida siempre habrá un cierto vacío sin Jesucristo.

Así como tu habitación de bebé conoce una nueva vida ahora que está ocupada por su inquilino, tú también puedes experimentar nueva vida en Cristo si le permites residir en tu corazón. ¡Dios sí tuvo un hijo! Su nombre es Jesús. La Biblia dice: "Porque tanto amó Dios al mundo, que dio a su Hijo unigénito, para que todo el que cree en él no se pierda, sino que tenga vida eterna" (Juan 3:16).

Si no conoces a Jesucristo como tu Salvador personal, por favor dale acceso a tu corazón en este mismo momento. Reconoce que tu pecado te ha dejado en la tremenda necesidad de un Salvador y acepta su regalo de la salvación. Si nunca le has pedido a Jesús que perdone tus pecados, lo único que se necesita es una oración. Él te está esperando con los brazos abiertos.

> *Amado Dios, entiendo que te necesito. Por favor perdona mis pecados. Creo que Jesús es tú hijo y le pido ahora que entre a mi corazón y llene el vacío que hay, con su amor. Quiero que Jesús sea mi Señor y Salvador. En el nombre de Jesús, Amén.*

Así como tu bebé cabe perfectamente en tus brazos, también tú, como hija de Dios, cabes en los de él. Permítele ayudarte a ser la mujer que él quiere que seas.

La victoria yace en un corazón rendido al Salvador.

Día 3

Horario militar

Todo tiene su momento oportuno; hay un tiempo para todo lo que se hace bajo el cielo: un tiempo para nacer, y un tiempo para morir; un tiempo para plantar, y un tiempo para cosechar; un tiempo para matar, y un tiempo para sanar; un tiempo para destruir, y un tiempo para construir; un tiempo para llorar, y un tiempo para reír; un tiempo para estar de luto, y un tiempo para saltar de gusto; un tiempo para esparcir piedras, y un tiempo para recogerlas; un tiempo para abrazarse, y un tiempo para despedirse; un tiempo para intentar, y un tiempo para desistir; un tiempo para guardar, y un tiempo para desechar; un tiempo para rasgar, y un tiempo para coser; un tiempo para callar, y un tiempo para hablar; un tiempo para amar, y un tiempo para odiar; un tiempo para la guerra, y un tiempo para la paz. ¿Qué provecho saca quien trabaja, de tanto afanarse? He visto la tarea que Dios ha impuesto al género humano para abrumarlo con ella. **Dios hizo todo hermoso en su momento,** *y puso en la mente humana el sentido del tiempo, aun cuando el hombre no alcanza a comprender la obra que Dios realiza de principio a fin.*

—Eclesiastés 3:1-11

La honestidad del escritor de Eclesiastés es refrescante. Dios hizo bien al incluir en su Palabra la lucha de introspección de esa persona. Aquí tenemos a alguien que ha vivido su vida y ahora, al llegar al final de la misma, busca transmitir su experiencia: lo que funcionó y lo que no, lo que era un verdadero tesoro y lo que se desvanecería, lo que era fútil y lo que era para siempre. Utiliza un lenguaje sencillo y al mismo tiempo hermoso para aconsejar a la gente en cuanto a la esperanza de Dios en medio de la brevedad de la vida y nos recuerda la esencia del tiempo. Es curioso cómo subestimamos el verdadero valor del tiempo hasta que sólo nos queda muy poco del mismo.

Como un joven soldado, una madre tiene que ajustarse a un nuevo sistema de horarios. A los bebés les resulta indiferente la noche o el día. Al igual que nuestras fuerzas armadas, prefieren un reloj de veinticuatro horas. Se hacen muchos chistes con relación al uso que nuestro país hace del horario militar, pero aunque a nosotros nos parece raro y desconcertante, nuestros soldados lo han aprendido y lo usan principalmente para evitar confusiones. El tiempo de Dios es igual, para nosotros es raro, pero si tan sólo pudiéramos aprenderlo y usarlo, evitaríamos gran parte de la confusión de nuestras vidas.

Anne Ortlund escribe en su libro *Children Are Wet Cement:* "Dios es maravilloso en lo que respecta a desarrollar nuestros dones de acuerdo a su propio horario para nuestras vidas. Él sabe cuáles son los años en los que la crianza de los hijos no tiene sustitutos. Es el trabajo que debe hacerse en ese momento y no después. Es cuando el cemento está húmedo."

Todo tiene su momento. Dios lo ha planeado así. Él ha ordenado cada hora de nuestra vida, especialmente este tiempo de crianza de los hijos. Servimos a un Dios que quiere revelarnos su verdadera naturaleza; por lo tanto, él constantemente se refiere a sí mismo como Padre. Necesitamos entender ese rol y ahora es el momento de que el propio Dios te muestre, a veces mediante revelaciones asombrosamente brillantes, su amor de Padre. Una vez que estos días se hayan ido, no volverán. Al igual que el cemento húmedo, lo único que quedará serán las marcas que hayamos hecho. Esas marcas mostrarán a nuestros hijos y a generaciones futuras lo que consideramos importante.

¡Qué rápido pasará este tiempo con tu bebé recién nacido! Y luego vendrán esos años maravillosos en que crecerá. Qué regalo tan precioso te ha dado Dios, este tiempo, esta hermosa etapa de la vida. La primavera ha florecido en tu hogar y la nueva vida que tienes en tus manos es sin dudas una herencia del Señor. Este tiempo que tienes como madre, aunque nunca puede recuperarse, es una inversión que se te devolverá en la eternidad. ¿Cómo lo pasarás?

Ora hoy para que, como padres, puedan dejar el ejemplo de Cristo en sus hijos.

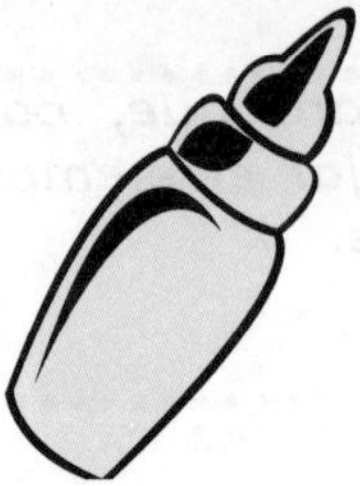

Día 4

Calistenia

¿No saben que en una carrera todos los corredores compiten, pero sólo uno obtiene el premio? Corran, pues, de tal modo que lo obtengan. **Todos los deportistas se entrenan con mucha disciplina. Ellos lo hacen para obtener un premio que se echa a perder**; *nosotros, en cambio, por uno que dura para siempre. Así que yo no corro como quien no tiene meta; no lucho como quien da golpes al aire. Más bien, golpeo mi cuerpo y lo domino, no sea que, después de haber predicado a otros, yo mismo quede descalificado.*

— 1 Corintios 9:24-27

El apóstol Pablo a menudo establece un paralelo entre la vida cristiana y los deportes. Los atletas olímpicos, por supuesto, deben entrenar sus cuerpos intensamente; se someten a entrenamientos duros si tienen la esperanza de ganar la medalla de oro. Si alguna vez has visto entrevistar a un competidor olímpico en la televisión, a menudo estos reconocen que el deporte ha sido el centro de sus vidas desde que tienen memoria. Han entregado sus vidas y su juventud por la oportunidad de obtener una victoria terrenal, y se han sacrificado mucho con los entrenamientos de su propia carne.

En el gran diseño de Dios, nosotras las mujeres tenemos nueve meses para prepararnos para un bebé. Ese es el tiempo designado, como promedio, para preparar el corazón, la mente y el hogar para la vida preciosa que se forma dentro del vientre. El mismo Señor prepara tu cuerpo. ¿Has sobrevivido a las náuseas, los calambres en las piernas, los cambios en el estado anímico y otros horrores nunca antes imaginados? Todo tenía que suceder como preparación para la prueba suprema del parto. Las nuevas madres reconocen que todo valió la pena.

Ahora que el bebé está en casa, y el desconcierto ha llegado, pudieras estar pensando: *¿Y qué se yo de todo esto? ¡Soy mamá por primera vez! Es verdad, mi cuerpo sobrevivió al parto, pero ¿ahora qué? ¡Casi ni sé cómo cambiar pañales! ¡No estoy preparada para criar un hijo!* Tranquilízate, Dios ha orquestado cada momento de tu vida, cada experiencia, cada circunstancia y él te ha llevado a este momento en el tiempo. Él siempre supo que tú serías la mamá de este niño.

El Señor continúa enseñándote. Las primeras seis semanas son especialmente difíciles a medida que él te da un curso intensivo acerca de cómo ser sierva, tu propio campamento militar para madres. Tu cuerpo sigue siendo probado mientras la sanidad comienza (¿tienes un paquete de hielo entre las piernas?) y las hormones se reajustan. Si estás amamantando, prepárate para tener pezones lastimados y senos que gotean, junto con intensos retorcijones en el útero. Se avecinan más cambios en el estado de ánimo, con la depresión posparto a la vanguardia. Tu sargento de instrucción usa pañales y da las órdenes a gritos, te despierta a cualquier hora de la noche y te mantiene atenta el día entero.

Mamá, durante este tiempo dejarás tu vida a un lado por completo. Permite que este te acerque más al que entregó su vida por ti.

Ora hoy para que camines más cerca de Jesús.

Día 5

Entrenamiento básico

Éste es el mensaje que hemos oído de él y que les anunciamos: Dios es luz y en él no hay ninguna oscuridad. Si afirmamos que tenemos comunión con él, pero vivimos en la oscuridad, mentimos y no ponemos en práctica la verdad. **Pero si vivimos en la luz, así como él está en la luz, tenemos comunión unos con otros, y la sangre de su Hijo Jesucristo nos limpia de todo pecado.**
Si afirmamos que no tenemos pecado, nos engañamos a nosotros mismos y no tenemos la verdad. Si confesamos nuestros pecados, Dios, que es fiel y justo, nos los perdonará y nos limpiará de toda maldad.

—I Juan 1:5-9

Unos pocos días después de regresar a casa del hospital, se hizo evidente que Danya había confundido los días con las noches. Realmente eso no debió sorprenderme. Ella nació a las 10:17 P.M., así que en ese momento comenzó su primer "día". Estuvo despierta: bañándose, mamando y conociendo gente nueva, esa primera noche (cuando ambas debimos haber estado durmiendo), así que cuando llegó la mañana, entonces ella comenzó su "noche".

Yo estaba totalmente desconcertada. ¿Qué hago? Incluso siendo una nueva mamá, ya estaba convencida de que el viejo adagio: "¡Nunca despiertes a un bebé cuando duerme!" tenía sus méritos. Pero a cada mamá que le pedí consejo me dijo que en mi caso sería mejor que despertara al bebé... y eso hice. Comencé a hacer varias cosas que yo esperaba que le ayudarían a diferenciar el día de la noche.

Primero abría todas las cortinas y persianas en cuanto me despertaba por las mañanas, y hasta entraba en la habitación de Danya para abrir las de ella y dejar que el sol la despertara. Encendía el radio o ponía música y comenzaba a trabajar en la casa para que pronto igualara la actividad con la conducta del día. Sin embargo, a la hora de la siesta y de dormir, la casa estaba mucho más tranquila y apacible. Cerraba las cortinas, disminuía la luz y los únicos ruidos eran el suave zumbido de la lavadora de platos o el susurro del juego de pelota que Rich estuviera viendo. Yo hice todo lo posible por establecerle a mi hija un claro contraste entre el día y la noche. Entonces me di cuenta, muy superficialmente lo que es la vida con un recién nacido, ¡y yo era su maestra! Aquel descubrimiento apasionante pronto fue recibido por la carga sincera de la responsabilidad que implicaba.

Hoy, por supuesto, Danya sabe la diferencia entre el día y la noche, y de bebé, se adaptó a un horario diurno con bastante facilidad. Mi trabajó, con demasiada rapidez, evolucionó de enseñarle lo básico de vivir a enseñarle lo básico de la vida. Verás, la crianza cristiana es cuestión de establecer una distinción para tu hijo entre la luz de Cristo y la oscuridad del mal en el mundo. Lamentablemente no es una lección que se logra tanto con palabras como con acciones; en verdad se capta, no se enseña. Yo le susurraba a aquella niña descripciones vívidas del hermoso día que se estaba perdiendo, pero tuve que mostrarle el sol antes de que ella pudiera mantenerse despierta para disfrutarlo. De la misma manera al andar con Cristo marco un modelo ante mis hijos, y debe estar bien definido. No quiero dar señales confusas. No puedo parecerme al mundo y actuar como el mundo y al mismo tiempo esperar mostrar a mis hijos quién es Jesús. Pero si ando en su luz y descanso en su amor, ellos verán la diferencia.

Pronto tu bebé dormirá la noche completa y desarrollará un horario y tú te adaptarás mientras adoptas tu propio estilo de ser madre. Anímate, Dios te ayudará. ¡Harás un gran trabajo!

Camina hoy en su luz y descansa en su amor.

Versículo de la vida de Danya: *Digno eres, Señor y Dios nuestro, de recibir la gloria, la honra y el poder, porque tú creaste todas las cosas; por tu voluntad existen y fueron creadas.*
—Apocalipsis 4:11

Día 6

La heroína

No acumulen para sí tesoros en la tierra, donde la polilla y el óxido destruyen, y donde los ladrones se meten a robar. Más bien, **acumulen para sí tesoros en el cielo**, *donde ni la polilla ni el óxido carcomen, ni los ladrones se meten a robar. Porque donde esté tu tesoro, allí estará también tu corazón.*

—Mateo 6:19-21

El teniente Audie Murphy era el hijo favorito de Farmersville, Texas. Fue hijo huérfano de unos pobres aparceros, pero se hizo famoso como combatiente durante la Segunda Guerra Mundial. El 26 de enero de 1945, el teniente Murphy salvó a toda su compañía de un ataque de seis tanques y 250 soldados de la infantería alemana. Arriesgando su propia vida, saltó a un destructor de tanques en llamas y usó la ametralladora de este para aniquilar a las tropas enemigas. Por esto recibió la Medalla de Honor del Congreso, el galardón militar más alto de este país. A la tierna edad de 21 años el valiente teniente Murphy había recibido todas las condecoraciones al valor que este país tenía, incluyendo cinco honores adicionales de Francia y Bélgica. Se convirtió en el soldado más condecorado de los Estados Unidos en la Segunda Guerra Mundial al recibir más de 25 galardones por sus diversos actos de valor.

Uno pensaría que el teniente Murphy hubiera usado sus medallas con orgullo o incluso que las habría puesto en exposición en su hogar, pero este joven regaló sus medallas... a unos niños. La gente pensaba que estaba loco. ¡Algunos sin dudas pensaron que no sabía apreciar el valor de sus honores! Pero él sentía que aquellos premios no le correspondían sólo a él, sino que pertenecían a todos sus compañeros de batalla. Ya que no sabía cómo distribuir las medallas entre su unidad, las regaló a unos niños. (Se narra la historia en *Decade of Triumph: The 40s*, de Time-Life Books.) El joven teniente Murphy era un verdadero héroe; él sabía que el verdadero valor de sus actos heroicos estaba en las vidas que se salvaron y no en los premios que ganó. Él conocía el valor de lo eterno por encima de lo temporal.

Tu vida de nueva mamá pudiera parecer ordinaria en comparación con la vida de combate de Audie Murphy. Todo lo que hacemos como madres parece temporal. Alimentas a un bebé que necesitará alimentarse nuevamente en unas pocas horas. Eso es temporal. Cambias un pañal que pudiera necesitar volver a cambiarse ¡en un par de minutos! Eso es temporal. Consuela y meces a tu bebé para que se duerma, y luego se despierta llorando. Fue algo temporal.

Sin embargo, hasta los actos de valor de Audie Murphy fueron temporales. Aunque puede haber salvado vidas de cierta muerte, la muerte con el tiempo reclamaría esas vidas de una manera u otra. Fue algo temporal. Sin dudas que él ayudó a que los Aliados ganaran en la Segunda Guerra Mundial, pero han existido otras guerras. Con toda sinceridad, Audie Murphy realmente sólo estaba haciendo su trabajo. Tal vez eso, más que cualquier otra cosa, lo convierte en un héroe.

Tú también eres una heroína, cuando sólo estás haciendo tu trabajo. Pregúntale a tu bebé. Él te lo dirá. Cuando lo alimentas, cuando lo cuidas del hambre, eres una heroína. Cuando le cambias el pañal, y lo salvas de una terrible incomodidad que él no puede entender, eres una heroína. Cuando le oyes llorar y vienes rápidamente, rescatándolo de la soledad, eres una heroína. Cuando le abrazas y lo salvas de su propia inseguridad, eres una heroína.

Nadie sabe qué pasó con muchas de esas medallas que el teniente Murphy ganó. Eran pedazos insignificantes de metal. Sin embargo, la eternidad nos dirá qué pasó con cada vida que él salvó. También nos dirá qué pasa con la vida preciosa que estás alimentando, cambiando de pañal y amando.

Un día le contarás a tu hijo acerca del verdadero Héroe. Le hablarás del Hijo favorito, nacido del Espíritu de Dios y concebido en el vientre de una joven virgen judía. Le contarás a tu pequeño cómo este Soldado dejó el esplendor de su hogar celestial para luchar por su pueblo y cómo las únicas medallas de honor de este joven y valiente Dios-Hombre fueron las marcas de los clavos en sus manos y en sus pies. Entonces le contarás que este Guerrero da libremente a niños indignos el premio de la salvación que él ha ganado y, ¿sabes qué?, tu hijo entenderá. Entenderá toda la historia porque cuando Dios lo hizo, o la hizo, él vio su necesidad de un Héroe, y le dio una mamá para que le indicara el camino.

Alaba hoy al Señor porque él es tu héroe.

Día 7

Ganarse los galones

Ciertamente él cargó con nuestras enfermedades
y soportó nuestros dolores,
pero nosotros lo consideramos herido,
golpeado por Dios, y humillado.
Él fue traspasado por nuestras rebeliones,
y molido por nuestras iniquidades;
sobre él recayó el castigo, precio de nuestra paz,
y gracias a sus heridas fuimos sanados.
Todos andábamos perdidos, como ovejas;
cada uno seguía su propio camino,
pero el Señor hizo recaer sobre él
la iniquidad de todos nosotros.

—*Isaías 53:4-6*

Nunca me identifiqué más con Cristo y su sufrimiento que durante mis experiencias para dar a luz.

Cuando David nació, tuvieron que inducirme el parto. Ya que su nacimiento estaba "programado", yo llegué al hospital luego de dormir bien toda una noche, con tiempo para darme una ducha y hasta ponerme maquillaje. No tenía que preocuparme por Danya, puesto que mi mamá estaba en casa cuidándola. Como ya antes había pasado por la difícil experiencia del parto, estaba confiada en que sabía qué esperar ¡y estaba tan emocionada! Entonces algo sucedió.

Yo estaba sola en el cuarto del hospital. Rich había ido a la oficina del negocio para revisar unos documentos mientras yo me cambiaba para ponerme un atuendo encantador. Me miré en el espejo y de repente me di cuenta: la magnitud de lo que estaba a punto de suceder y el hecho de que lo pasaría sola. Nadie más en ese cuarto de hospital estaría experimentando mi dolor. Y yo no quería hacerlo. Yo quería el bebé pero no quería el dolor. Sí, mi memoria a largo plazo por fin había regresado ¡y lo hizo con venganza!

Dios en su soberanía se encontró conmigo en ese pequeño cuarto de hospital en Paducah, Kentucky, y me consoló con las propias palabras de Cristo: "La mujer que está por dar a luz siente dolores porque ha llegado su momento, pero en cuanto nace la criatura se olvida de su angustia por la alegría de haber traído al mundo un nuevo ser" (Juan 16:21). Y llorosamente dije con Cristo: "pero no se cumpla mi voluntad, sino la tuya" (Lucas 22:42).

Tu cuerpo ha cambiado y tú también. Que no te perturben las estrías ni la cicatriz de una cesárea. Considera que es un recordatorio de que la vida y el poder respirar tienen un precio y que la paz eterna, la tuya y la de tu hijo, le costaron a nuestro Señor su propia vida. Así como tú soportaste toda clase de dolores de buena gana por la vida que cargas en tus brazos, la vida que en tan corto tiempo te ha producido una alegría indescriptible, consuélate al pensar que Jesús también fue de buena gana a la cruz para poder cargarte a ti, su hija preciosa, en los brazos eternos de su amor.

Agradécele a Dios hoy por su más grande regalo, la salvación, a través de su hijo, Jesucristo.

Versículo de la vida de David: *David tuvo éxito en todas sus expediciones, porque el Señor estaba con él.*
– 1 Samuel 18:14

Día 8

Llamada a filas

Tú creaste mis entrañas;
me formaste en el vientre de mi madre.
¡Te alabo porque soy una creación admirable!
¡Tus obras son maravillosas,
y esto lo sé muy bien!
Mis huesos no te fueron desconocidos
cuando en lo más recóndito era yo formado,
cuando en lo más profundo de la tierra
era yo entretejido.
Tus ojos vieron mi cuerpo en gestación:
todo estaba ya escrito en tu libro;
todos mis días se estaban diseñando,
aunque no existía uno solo de ellos.
—Salmo 139:13-16

En 1957 Elvis Presley era rey. Es decir, era el rey del rock 'n roll, el sello distintivo de una generación. En Elvis los adolescentes veían un héroe, un símbolo sexual, ¡una personificación del sueño americano que era de la vida real, de la pobreza a la fortuna! Aunque creció en la pobreza, el atractivo de Elvis y su talento musical lo convirtieron en un fenómeno prácticamente de la noche a la mañana. Según los patrones del mundo él, un joven, lo tenía todo. Sin embargo, el 20 de diciembre de 1957, una especie de "gala real" en la forma de un llamado a filas fue organizada por parte del Tío Sam. Las adolescentes de todo el país emitieron un lamento colectivo. ¡Elvis, no! Tiene que haber algún error.

Pero no hubo manera de evitarlo. A pesar de su riqueza y popularidad, no había escapatoria. Esto no era opcional. A este joven no le quedaba otra opción que responder al llamado y cumplir con su deber.

¿Sientes como si te hubieran llamado a filas y te hubieran enviado pataleando y gritando al Campamento de Entrenamiento Militar "Bebé"? ¿Consideraste que la noticia de tu embarazo, el descubrimiento asombroso de otro corazón latiendo dentro de ti, fue un accidente? La vida es un regalo de aquel que dio vida a Adán al principio de los tiempos. Lo creas o no, yo tuve la audacia de pensar que Rich y yo planificamos nuestros hijos, el momento de los embarazos, la concepción, etc. Especialmente los dos primeros. Fue tan fácil para nosotros, gracias a Dios. Sin embargo, con Derek, nuestro tercer hijo, fue un tanto diferente.

Realmente no habíamos hablado de tener otro bebé. Teníamos una hija y un hijo, ¿qué más podíamos pedir? Pero algo en mi corazón me pedía tener otro bebé y yo me preguntaba acerca del papel de Dios en todo eso de la planificación familiar. Tenía muchas preguntas y no muchas respuestas. Realmente no había hablado con Rich al respecto porque me parecía que no tenía las palabras para explicarle mi lucha. Así que fui al Señor, que no necesita nuestras palabras, cuyo Espíritu "intercede por nosotros con gemidos que no pueden expresarse con palabras" (Romanos 8:26b). Muy pronto después Rich regresó a casa luego de una reunión de hombres en nuestra iglesia y comenzó a contarme sobre lo que el orador, Onnie Kirk, había hablado. Con la boca abierta yo escuchaba a Rich expresar mi propia carga mediante las palabras que un extraño había dado a los hombres aquella mañana. Esto abrió la comunicación entre Rich y yo acerca de tener un tercer hijo.

Pero yo todavía no estaba dispuesta a renunciar al control de la natalidad. Más que nada, batallaba con el concepto de estar embarazada por tercera vez: el malestar, el subir de peso, el cansancio, los calambres en las piernas. Entonces, unas semanas después me pidieron que leyera en voz alta en la escuela dominical Romanos 12. Me encontré las palabras "que cada uno de ustedes, en adoración espiritual, ofrezca su cuerpo como sacrificio vivo, santo y agradable a Dios". Me golpearon duro. Dios nos estaba llamando a tener otro hijo y yo estaba interponiéndome en su camino. ¿Quién me dio este cuerpo que yo estaba reacia a rendir?

Derek nació unos 10 meses después. Él ha sido una alegría tan grande. Agradezco mucho que Dios me permitiera ver que cada niño realmente es idea suya. Si tú no te ofreciste como voluntaria, si sientes que has sido llamada a filas, considera la escritura de hoy. ¡Este niño es una bendición de Dios el creador! Él planifica cada vida, reparte cada día y luego se nos adelanta para preparar cada paso. Tu padre celestial desea hacer de ese bebé un canal de su amor, que fluye de ti a tu hijo y viceversa.

Hoy dale gracias a Dios porque tiene un plan para tu vida y porque tu bebé es parte de ese plan.

Versículo de la vida de Derek: *Fui puesto a tu cuidado desde antes de nacer; desde el vientre de mi madre mi Dios eres tú.* –Salmo 22:10

Día 9

Los cuarteles

Cuando oren, no sean como los hipócritas, porque a ellos les encanta orar de pie en las sinagogas y en las esquinas de las plazas para que la gente los vea. Les aseguro que ya han obtenido toda su recompensa. **Pero tú, cuando te pongas a orar, entra en tu cuarto, cierra la puerta y ora a tu Padre, que está en lo secreto.** *Así tu Padre, que ve lo que se hace en secreto, te recompensará. Y al orar, no hablen sólo por hablar como hacen los gentiles, porque ellos se imaginan que serán escuchados por sus muchas palabras. No sean como ellos, porque su Padre sabe lo que ustedes necesitan antes de que se lo pidan.*

—Mateo 6:5-8

Recuerdas cuando dos se convirtieron en uno? Después de que tu esposo te levantó el velo, recibió acceso a tu cuerpo y de la misma manera, tú recibiste acceso al suyo. Las cosas cambiaron. Dar a luz es otra gran transición en la vida, una nueva etapa. Ahora ¡dos se convirtieron en tres! En el matrimonio pasas de ser la hija de alguien a ser esposa; ahora, debido a esa unión, has adquirido el papel adicional de madre.

Como recién casada tu relación con tu esposo pasó a un nivel diferente y más profundo cuando lo aceptaste como parte de tu ser físico y comenzaste a disfrutar el cumplimiento de tus votos matrimoniales. Como nueva mamá, se ha producido una metamorfosis, y una vez más la has experimentado en el sentido físico, espiritual y emocional. Una relación ha cambiado y en esta ocasión es la relación con tu bebé.

Este hijo ya no está en tu vientre, está en tus brazos. Tomó tiempo acostumbrarse a tener un esposo y también tomará tiempo ajustarse a un nuevo bebé.

Para mí, la pérdida más grave en medio de todas las ganancias ha sido la de mi privacidad. Desde interrupciones mañana tras mañana durante mi tiempo a solas con Dios, a siempre tener compañía en el baño, a llegar a acostumbrarme a vestirme frente a un público, una política de "puertas abiertas" se ha establecido firmemente en nuestro hogar. (Si crees que perdiste la modestia para siempre durante los nueve meses de visitas al médico, ¡no salgas a buscarla por ahora!) Pero cuando las cosas se aquietan, busca un lugar tranquilo y escabúllete para pasar tiempo con el Señor. Escucha lo que dice Anne Ortlund en su libro *Disciplines of a Beautiful Woman* [Disciplinas de una mujer hermosa]:

> Cuando nuestros tres bebés tenían 2 ½, 1 ½ y nuevo de paquete, mis días eran sólo una sucesión de biberones y pañales ¡y yo sentía la necesidad desesperada de pasar tiempo con el Señor! Normalmente duermo como una piedra, pero dije: 'Señor, si me ayudas, me encontraré contigo de dos a tres de la mañana.' Mantuve mi cita con él hasta que el horario se aligeró, no me morí y no lamento haberlo hecho. Todo el mundo tiene veinticuatro horas. Podemos sumergirnos en la oración, en su Palabra y en él mismo, si realmente queremos hacerlo.

La vida es una serie de cambios. ¡No sería divertida si así no lo fuera! Mientras te aclimatas a tu nuevo puesto de mamá, entenderás que tu mundo nunca será el mismo. Pero hay alguien que sigue siendo el mismo. Su nombre es Jesús. Él es el mismo ayer, hoy y mañana. Ahora más que nunca necesitas pasar tiempo con él todos los días. Establece este tiempo a solas con él. Mientras el mundo gira, toma un instante durante cada rotación para sentarte a sus pies, bien firme, y cierra la puerta.

Ora hoy para que tengas hambre de la viva Palabra de Dios.

Día 10

Guerrera santa

¿Está afligido alguno entre ustedes? Que ore. ¿Está alguno de buen ánimo? Que cante alabanzas. ¿Está enfermo alguno de ustedes? Haga llamar a los ancianos de la iglesia para que oren por él y lo unjan con aceite en el nombre del Señor. La oración de fe sanará al enfermo y el Señor lo levantará. Y si ha pecado, su pecado le será perdonado. Por eso, confiésense unos a otros sus pecados, y oren unos por otros, para que sean sanados. **La oración del justo es poderosa y eficaz.**
Elías era un hombre con debilidades como las nuestras. Con fervor oró que no lloviera, y no llovió sobre la tierra durante tres años y medio. Volvió a orar, y el cielo dio su lluvia y la tierra produjo sus frutos.

—Santiago 5:13-18

Hace varios años una camiseta cristiana que se hizo muy popular tenía una inscripción: "¡Ponte de rodillas y pelea como un hombre!" La sencillez de esa afirmación es increíble y tan cierta, especialmente cuando se trata de nuestros hijos. ¡Qué importantes son las oraciones por tu bebé! No sólo en contra de la enfermedad, esas oraciones las dices a cada segundo que estás despierta; sino oraciones por su vida, por las decisiones que tomará, por sus amigos, por su cónyuge y, sobre todo, por su salvación.

Llevará tiempo orar de veras por tu bebé y por su futuro. Estarás de acuerdo que no hay tiempo mejor invertido; pero una vez que hagas el compromiso de orar por ese hijo, te sorprenderás ver lo difícil que es mantener el compromiso. Permite que este solo hecho te motive a orar: el enemigo conoce el poder de la oración. ¿Y tú?

He descubierto que escribir mi oración general por los niños y leerla a Dios en voz alta cada día durante mi tiempo a solas con él me mantiene enfocada. Usé las ideas que aparecen en el libro de Donna Otto *The Stay-at-Home Mom* [La madre que queda en casa] para desarrollar mi oración. La incluyo aquí a manera de ejemplo. (Verás que también incluí a nuestros nietos en la oración.)

> Queridísimo Padre:
> Te doy gracias por mis hijos. Ellos realmente son una bendición del Señor. Cuán agradecida estoy por el privilegio y la hermosa responsabilidad de instruirlos.
> Ahora te pido por Danya, David y Derek, y por mis nietos. Oh Padre, amoroso Abba, te pido que ellos teman al Señor y le sirvan sólo a él. Que cada uno llegue a conocer a Cristo temprano, y no obstante, siendo lo suficientemente mayores como para que esto cree un recuerdo en el que puedan apoyarse. Que mis hijos detesten el pecado. Te pido que estos niños sean descubiertos cuando sean culpables para que aprendan de sus errores y también, Señor, que sean prontos a confesar cualquier cosa que hagan mal, que sus corazones sean tiernos y se inclinen al arrepentimiento.
> Que los niños tengan una actitud responsable los unos con los otros y un sentido fuerte de lealtad familiar. Te pido que sean entrañables y cariñosos unos con otros. Te pido que nuestra familia se respete entre sí y a aquellos que estén en posiciones de autoridad por encima de nosotros.
> Que los niños deseen tener el tipo correcto de amigos. Proporciona esos amigos, Señor. Y protégelos del tipo equivocado. Guárdalos para el cónyuge apropiado; por favor, Señor, que ellos y sus futuros cónyuges, designados por Dios, sean puros para su noche de bodas.
> Protege a los niños, Señor; por favor dales seguridad, bienestar, mentes sanas y buena salud. Te pido que nunca sean víctimas de delitos o perversión sexual ni de ningún tipo de violencia. Que nunca se involucren con drogas ni con alcohol. Protégelos de la gente y de los lugares equivocados.

Que los niños se sometan a Rich y a mí como sus padres, que nos honren y nos amen. Que nosotros, a través de Cristo, siempre luchemos por ser buenos padres. Oro siempre en el nombre de Jesús, Amén.

A medida que creces en tu papel de madre y pasas de instalación para "guardar y almacenar" a mamá, cocinera, lavandera, la que baña, enfermera, etc., no te olvides de añadir "soldado" a la lista. ¡Eres una guerrera santa que lucha por la vida abundante de su hijo!

Que Dios te bendiga a ti, a tu esposo y a tu hijo al desarrollar esta area, la más poderosa en la crianza de tus hijos.

Día 11

Imponer la autoridad

En la madrugada, Jesús se acercó a ellos caminando sobre el lago. Cuando los discípulos lo vieron caminando sobre el agua, quedaron aterrados.

—¡Es un fantasma! —gritaron de miedo.

Pero Jesús les dijo en seguida:

—¡Cálmense! Soy yo. No tengan miedo.

—Señor, si eres tú —respondió Pedro—, mándame que vaya a ti sobre el agua.

—Ven —dijo Jesús.

Pedro bajó de la barca y caminó sobre el agua en dirección a Jesús. Pero al sentir el viento fuerte, tuvo miedo y comenzó a hundirse. Entonces gritó:

—¡Señor, sálvame!

En seguida Jesús le tendió la mano y, sujetándolo, lo reprendió:

—¡Hombre de poca fe! ¿Por qué dudaste?

Cuando subieron a la barca, se calmó el viento. **Y los que estaban en la barca lo adoraron diciendo:**

—Verdaderamente tú eres el Hijo de Dios.

—Mateo 14:25-33

He sido integrante del coro durante la mayor parte de mi vida adulta. ¡Me encanta! Entre las ventajas está tener siempre un asiento cuando el templo está lleno y, gracias a la toga del coro, no tener que preocuparme si derramo una rosquita con jalea en mi blusa durante la escuela dominical.

Algo que he aprendido al estar en el coro es la importancia de tener los ojos en el director. Aunque muchas personas talentosas son responsables de dirigir a la congregación en la alabanza los domingos por la mañana: instrumentistas, técnicos de sonido, el grupo de alabanza y los solistas, así como el coro, el director del coro es quien lo une todo. Se supone que tenemos que seguirle a él, él es fundamental.

¿Quieres saber el ritmo? Mira al director.

¿En qué estrofa estamos? Mira al director.

¿Esto es a voces o al unísono? Mira al director.

De la misma manera, ser un discípulo de Cristo requiere que mantengamos los ojos en él. Hay tantas distracciones entre esta vida y el cielo que puede convertirse en algo muy confuso si nos atrevemos a darle a Jesús cualquier cosa que no sea toda nuestra atención. Cuando él ocupa el centro, nuestra vida tiene armonía y ritmo. ¡También es fácil danzar! Pero si, como Pedro, quitamos nuestros ojos de Cristo y en cambio miramos a las circunstancias que nos rodean, de seguro que nos vamos a caer. ¡Gracias a Dios que nos levanta! Él nos levanta en el mar embravecido y luego, como Pedro, nos acercamos un poquito más a él en el bote.

¿Y tú? Hay tantas preguntas que surgen con un recién nacido:¿Darle el pomo o el pecho? ¿Y qué de las vacunas? ¿Cuándo lo pasamos a la cuna? ¿Pañales de tela o desechables? Tu libro favorito sobre bebés te dice una cosa, tu mamá te dice otra. Y tu suegra le dice a tu esposo lo que debes hacer. Tus amigas te dicen lo que ellas hicieron y tú te sientes abrumada, confundida e incluso un poquito molesta. Eso pasa. La gente sólo está tratando de ayudar. Es posible que tengan las mejores intenciones, de verdad, pero recuerda mamá, este es tú bebé. Fueron hechos el uno para el otro, según el gran diseño de Dios. No dejes que nadie abuse de la autoridad sólo porque eres nueva en esto. Tienes un instinto materno maravilloso que fue creado dentro de ti cuando diste a luz a ese hijo. Tú sabes muy dentro de ti lo que es mejor para ese bebé. Y cuando no lo sepas, pregúntale al Señor. Él te dará un consejo sabio, si tan sólo se lo pides. Él es el director. Su ritmo es estable. Su melodía es dulce.

Mantén los ojos en él.

Pídele a Dios hoy que te ayude a mantener los ojos en Jesús.

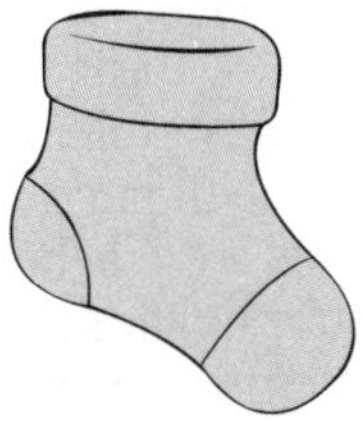

Día 12

¡Descansen!

Sión, portadora de buenas noticias,
¡súbete a una alta montaña!
Jerusalén, portadora de buenas noticias,
¡alza con fuerza tu voz!
Álzala, no temas;
di a las ciudades de Judá:
"¡Aquí está su Dios!"
Miren, el Señor omnipotente llega con poder,
y con su brazo gobierna.
Su galardón lo acompaña;
su recompensa lo precede.
Como un pastor que cuida su rebaño,
recoge los corderos en sus brazos;
los lleva junto a su pecho,
y guía con cuidado a las recién paridas.

—Isaías 40:9-11

Alguna vez has visto una película o un programa de televisión con una trama militar y has observado la tensión del momento en el que el oficial al mando confronta a los reclutados? Un sargento grita: "¡Atención!" y el pelotón inmediatamente asume la postura firme y ya practicada. Luego viene un momento de vacilación nerviosa hasta que el oficial de rango afirma: "¡Descansen!" Podría jugarse con las palabras de "a tensión" y "descansen".

Tus contracciones durante el proceso del parto fueron una serie de momentos de "tensión" y "descanso". Durante la contracción te subías en una ola de dolor abrasador, y entre una y otra, estabas totalmente asombrada ante la ausencia de esa agonía. La diferencia era como del día a la noche. Sabías cuándo descansar y cuándo pujar con tan sólo seguir los ritmos de tu cuerpo. Y era tolerable porque sabías para qué estabas trabajando. Tus ojos estaban puestos en el premio, en la meta, en el momento en que cargarías a ese bebé por primera vez.

El dolor y el propósito están ligados de una manera inexplicable en la Biblia. No hay sufrimiento innecesario. Tiene un propósito. Dios tiene un plan, ya sea que lo entendamos o no. El corazón de nuestro amoroso Señor está en el hecho de que aunque el pecado aumentó el dolor del parto (ver Génesis 3:16), él nos capacitó con una dote de aguante. Él nos capacitó con un poquito de descanso y recuperación en medio de la guerra. De veras, él es el buen pastor. Él desea compartir su misericordia con nosotros y con nuestros hijos.

Así que no seas tan dura contigo misma, no trates de hacerlo todo. Sencillamente no puedes. Y, lo creas o no, nadie espera que lo hagas. Sigue su gentil dirección. Acepta la ayuda que te ofrecen tu esposo, tus padres, tus suegros y tus amigos. Bendice a tus seres queridos al permitirles el don del servicio.

Quizá te estés esforzando ahora, cuando debieras estar descansando. "Duerme cuando el bebé duerma" es un gran consejo para una nueva mamá. Pregúntate honestamente, ¿qué necesita hacerse? ¿Qué puede esperar? ¿Qué pueden hacer mi esposo o la abuela del bebé? Tal vez te estás preocupando innecesariamente por una situación temporal. Concéntrate en el cuadro que crean las palabras de Isaías: nuestro gentil pastor, Jesús, quien nos carga en sus brazos, cerca de su corazón, nos guía tiernamente a nosotras las madres y a nuestros pequeños.

Descansa, mamá. Descansa.

Alaba a Dios por su gentil misericordia.

Día 13

La batalla del cansancio

La actitud de ustedes debe ser como la de Cristo Jesús,
quien, siendo por naturaleza Dios,
no consideró el ser igual a Dios como algo a qué aferrarse.
Por el contrario, se rebajó voluntariamente,
tomando la naturaleza de siervo
y haciéndose semejante a los seres humanos.
Y al manifestarse como hombre,
se humilló a sí mismo
y se hizo obediente hasta la muerte,
¡y muerte de cruz!
Por eso Dios lo exaltó hasta lo sumo
y le otorgó el nombre
que está sobre todo nombre,
para que ante el nombre de Jesús
se doble toda rodilla
en el cielo y en la tierra
y debajo de la tierra,
y toda lengua confiese que Jesucristo es el Señor,
para gloria de Dios Padre.

—Filipenses 2:5-11

La Palabra de Dios da una explicación detallada del recate más increíble que se haya intentado jamás: salvar a un mundo que perece de su propio ser enfermo por el pecado, mediante la sangre del Santo Hijo de Dios. No había otra manera de que Dios pudiera acercar a él a su propia creación; separados como estábamos de su santidad por nuestra propia voluntad. Así que el Padre envió a su hijo para servir de puente en la brecha, para ser el eslabón, para unir a Dios y al hombre. En Filipenses 2 la obediencia a Cristo se ilustra de una manera hermosa en el texto: Dios se hizo hombre. Él tomó un cuerpo de carne y sangre con todas sus debilidades y limitaciones.

No hay nada como dar a luz para hacer que una mujer comprenda de qué manera tan tremenda y maravillosa está hecho su cuerpo. También es, en combinación con la enorme fatiga de las semanas siguientes, un tiempo para reconocer cuán débil y limitada es su carne. Tu cuerpo necesita tiempo para recuperarse de todo lo que ha gastado en hacer crecer la vida que ahora tienes en tus brazos y que seguirás cultivando. Dormir a retazos noche tras noche sigue agotando tus recursos. En verdad es algo sólo temporal, hermana mía. Ese bebé pronto dormirá toda la noche, ustedes desarrollarán un horario para la alimentación que funcione y tu energía regresará.

Recuerdo sentirme muy desesperada durante esas primeras seis semanas con Danya. Mis hijos lactaban con más frecuencia durante la noche, pero ambos se quedaban tranquilos bastante rápido. Con Danya todo era muy diferente. Ella estaba despierta a la noche porque no estaba contenta y mientras yo pasaba tiempo orando por ella *(Señor, por favor, ¡muéstrame qué hacer! Dime qué le pasa. ¡Haz que deje de llorar y que se duerma!)*, lo peor de todo era, aparte de estar agotada, la soledad. (Rich tenía que dormir porque era el que iba a trabajar al día siguiente. Siempre me ayudaba en los fines de semana.) Satanás puede jugar con tu mente, especialmente cuando tu cuerpo está débil.

No te enfoques en tu debilidad ni en tus limitaciones sino en Cristo. Acuérdate de Getsemaní cuando estés despierta y orando durante las largas horas de la noche, cuando sientas que el mundo está patas arriba, cuando estés abrumada, cuando estés deprimida y sientas temor. Jesucristo ha pasado por eso. Él comprende la soledad, la duda y el temor. Pero él lo venció todo y te ofrece su victoria. Si estás experimentando una batalla contra el cansancio, recuerda: la guerra está ganada.

Agradécele a Dios hoy por la victoria que tienes en Cristo Jesús.

Día 14

Ataque al sentido del humor

Partiendo de allí, Jesús se retiró a la región de Tiro y Sidón. Una mujer cananea de las inmediaciones salió a su encuentro, gritando:
—¡Señor, Hijo de David, ten compasión de mí! Mi hija sufre terriblemente por estar endemoniada.
Jesús no le respondió palabra. Así que sus discípulos se acercaron a él y le rogaron:
—Despídela, porque viene detrás de nosotros gritando.
—No fui enviado sino a las ovejas perdidas del pueblo de Israel —contestó Jesús.
La mujer se acercó y, arrodillándose delante de él, le suplicó:
—¡Señor, ayúdame!
Él le respondió:
—No está bien quitarles el pan a los hijos y echárselo a los perros.
—Sí, Señor; pero hasta los perros comen las migajas que caen de la mesa de sus amos.
—¡Mujer, qué grande es tu fe! —contestó Jesús—. Que se cumpla lo que quieres.
Y desde ese mismo momento quedó sana su hija.

—Mateo 15:21-28

En el pasaje anterior una mujer vino a Jesús a suplicarle por la sanidad de su hija quien estaba endemoniada. (¿Te parece conocido? ¡Esa eras tú anoche, suplicando que ese bebé con cólicos se calmara y se durmiera!) Por raro que parezca, aparentemente el amado Salvador la ignoraba. (¿No fue así como te sentiste tú también?) Y luego el Señor prueba su fe al afirmar que él fue "enviado sino a las ovejas perdidas del pueblo de Israel". (¿No te das cuenta? ¡Esto es sólo una prueba!) Así que la mujer se arrodilla delante de él, se alinea con los judíos al confesar que él es el Señor. (¿Se te ocurrió hacer eso? Mi amiga Tera llegó hasta ese punto con su hijo Alex. "Señor, tú eres el Dios de Abraham, Isaac, y Jacob", clamó ella con desesperación luego de una semana de noches sin dormir. "Tú abriste el mar rojo para liberar a tu pueblo, Israel. ¿Pudieras por favor hacer callar a este bebé y que se duerma?")

Sin embargo, luego de la confesión de la mujer, al parecer Jesús rechaza su petición. "No está bien quitarles el pan a los hijos y echárselo a los perros" (versículo 26). Un momento antes ella había declarado su fe en Cristo.

¿Fue sólo de la boca para afuera?

¿Se enojaría y se marcharía luego de la respuesta de Cristo?

¿Se rendiría con lágrimas y decidiría que él no era quien ella pensaba?

¡De ninguna manera!

Ella respondió con mucho valor y con un ingenio todavía mayor: "...pero hasta los perros comen las migajas que caen de la mesa de sus amos". Ella no estaba discutiendo. De hecho yo iría más lejos y diría, con el debido respeto, que fue un intercambio verbal imparcial. Ella sabía quién era él y de hecho, lo hizo su Señor; así que vino con valentía delante del trono. Como una amiga íntima, ella dio a conocer sus necesidades.

Me hubiera gustado ser testigo de las bromas de esta mamá cananea con el Creador del universo. Al principio ella se acercó a este joven judío suplicándole con desesperación por la sanidad de su hija. Los discípulos la consideraban una peste, pero una vez que comenzó a profesar su fe y a proclamar la identidad de Cristo, su confianza en él se estableció. Yo creo que ella agradó al Señor con su ingenio, su franqueza y el enfoque honesto de su petición.

Los eruditos bíblicos pudieran disentir pero yo creo que el Señor debe haber sonreído ante su respuesta, apreciando el ataque a su sentido del humor. Él sanó a su hija debido a su fe, ¿no es cierto? Cuando su fe fue probada, ella respondió con *más* fe y con sentido del humor. Nos haría bien imitar a esta madre.

Hay más humor del otro lado de estas primeras seis semanas que en medio de ellas, tanto para ti como para tu hijo. Es difícil reír cuando estás despierta noche tras noche, sintiéndote como un chupete humano. No hay nada de cómico en los cólicos ni en las infecciones de oído ni en esa sensación de incompetencia total que se produce una vez que te das cuenta de la tarea monumental que has comenzado en la maternidad.

Quizá estás anhelando una relación más profunda con este Cristo. Él sabe que lo necesitas ahora, más que nunca. ¿Has venido a él con desesperación, especialmente cuando estás tan agotada por las nuevas exigencias a tu cuerpo, tu mente y tu alma? Él no te ignora. Él te ama. Estás hecha a su imagen, y también tu bebé. Ten confianza entonces en que esto es sólo una prueba.

¡Confiesa hoy tu fe en él y proclama su identidad!

Día 15

Media vuelta

Me alegro muchísimo en el Señor de que al fin hayan vuelto a interesarse en mí. Claro está que tenían interés, sólo que no habían tenido la oportunidad de demostrarlo. No digo esto porque esté necesitado, pues he aprendido a estar satisfecho en cualquier situación en que me encuentre. Sé lo que es vivir en la pobreza, y lo que es vivir en la abundancia. **He aprendido a vivir en todas y cada una de las circunstancias, tanto a quedar saciado como a pasar hambre, a tener de sobra como a sufrir escasez. Todo lo puedo en Cristo que me fortalece.**

—Filipenses 4:10-13

Mi amiga Donna tenía una niña realmente encantadora llamada Liza [ambos nombres han sido cambiados]. Como a los seis meses a Liza le encantaba salir con su mamá. Iba contenta en viajes cortos en su asiento de bebé. Cuando se ponía incómoda, se tranquilizaba fácilmente con objetos de la cartera de Donna: fotos, un peine o las gafas para el sol. Uno de sus "juguetes" favoritos era el estuche para el lápiz de labios de Donna. Liza nunca lo había abierto ni descubierto el lápiz labial de adentro, sólo le encantaba sujetar el estuche.

Una noche en la que el esposo de Donna trabajaba hasta tarde, los padres de ella las invitaron a ella y a la niña a encontrarse en una cafetería cercana para cenar. El tráfico de la hora pico estaba denso. Cuando se detuvo por completo, Liza comenzó a ponerse intranquila. Donna le dio el estuche del lápiz labial para que jugara. Más adelante vio luces azules intermitentes y un par de patrullas de policía. Mientras avanzaban lentamente junto al accidente que causaba la demora, una ambulancia se abrió paso. Donna comenzó a orar por las personas que quedaron heridas. En sus pensamientos se preocupó por el accidente y comenzó a angustiarse: *¿Y si hubiera sido yo? ¿Y si tuviera un accidente y algo le pasara Liza?* Cuando por fin se detuvo en la cafetería, tenía lágrimas en sus ojos producto de sus propias fantasías dramáticas. A esas alturas ya el crepúsculo se había convertido en oscuridad y cuando fue a sacar a la niña de su asiento, Donna gritó horrorizada. ¡Liza estaba cubierta de sangre! Los gritos de Donna se convirtieron en grandes sollozos y sus padres, que habían estado esperándola, salieron corriendo para ver qué sucedía.

—¿Qué pasó?

—¡No lo sé! ¡Liza está herida! ¡Está sangrando!

En ese momento, Liza ya se había unido al pánico de su mamá y también estaba llorando. Corrieron adentro. Una vez que entraron en el bien iluminado restaurante, Donna dejó de llorar abruptamente.

—Oh —dijo con un tanto de timidez—, es lápiz labial. Las emociones de todos dieron media vuelta cuando Donna comenzó a reírse y agarró el estuche de lápiz labial abierto que Liza tenía aprisionado en su pequeño y "ensangrentado" puño.

—¡Es mi lápiz labial! ¡Por fin descubrió cómo abrirlo!

A Donna se le había olvidado que le dio a Liza ese estuche de lápiz labial. A veces yo también me quedo tan absorta en situaciones que me rodean que se me olvida lo que estoy haciendo. Pierdo el enfoque. Mi visión se vuelve distorsionada ante la falta de luz y tengo que acercarme a Dios, volver a la Luz, para ver lo que realmente está pasando. En esos tiempos en los que no podemos ver claramente es cuando más tenemos que apoyarnos en nuestra fe.

Ron Griffith es un militar de profesión, un general de cuatro estrellas. Sirvió en la guerra de Vietnam y en la del golfo Pérsico. Él dijo en un artículo en la revista *New Man* [Hombre nuevo] de Julio/Agosto 1997: "En el combate había una conciencia aguda de que cada día estabas sujeto a no llegar al final del día, lo cual te lleva a pensar mucho acerca de tu fe".

Durante mis primeras semanas con un nuevo bebé, e incuso ahora que vivo con tres niños, hay días en los que realmente siento que estoy en combate, ¡y que estoy perdiendo! Por lo general, cuando eso sucede, estoy mirando las circunstancias y me siento abrumada ante todo lo que hay que hacer. Ser un discípulo no debe depender de las circunstancias de nuestra vida. El apóstol Pablo fue gravemente perseguido y no obstante, perseveró en su caminar cristiano. El general Griffith dice: "No soy un gigante espiritual, pero soy un verdadero creyente. De veras que tengo una gran fe. Todos tenemos desafíos que enfrentar: enfermedades, incapacidad física, cargas, hijos con problemas. La fe es lo que nos ayuda a pasar por eso y llegar al final. Te da la calma cuando no hay motivo para estar calmado. La fe es un hecho absoluto en mi vida y yo creo que se aplica a cualquiera que desee hacer uso de ella".

Cuando sientas que estás colgando de ese péndulo entre la sangre y el lápiz labial, el secreto de encontrar el equilibrio no está en el último libro de Dobson ni en llamar a tu mamá ni en un paquete de chocolates. Está en Cristo.

Agradézcale a Dios porque al mirar bien de cerca, ¡a veces la sangre de la vida es sólo lápiz labial!

Día 16

Camuflada

A las ancianas, enséñales que sean reverentes en su conducta, y no calumniadoras ni adictas al mucho vino. **Deben enseñar lo bueno y aconsejar a las jóvenes a amar a sus esposos y a sus hijos***, a ser sensatas y puras, cuidadosas del hogar, bondadosas y sumisas a sus esposos, para que no se hable mal de la palabra de Dios.*

—Tito 2:3-5

Una atractiva y joven madre anunció con desesperación a su clase de la escuela dominical: "Simplemente no puedo hacerlo, ¡y no entiendo cómo ustedes pueden!" Con lágrimas en los ojos continuó expresando su frustración ante las demandas de criar a dos niños menores de dos años. Se sentía aislada durante la semana al ver a su esposo y a sus vecinos salir para el trabajo mientras que ella se quedaba en casa todo el día con los bebés. Cada domingo en la mañana traía consigo a la iglesia un torrente de emociones y al final de los servicios se iba con su carga todavía intacta. Ella venía a la iglesia buscando consuelo y comprensión de parte de otras mujeres y sólo encontraba, entre las máscaras de cristianas cuidadosamente maquilladas y arregladas, que no había ni un sólo cabello fuera de lugar y los niños eran atendidos en la guardería. Esa no es la realidad, pero así son los domingos por la mañana.

Afortunadamente, cuando mi primer bebé nació, yo tenía a Kathy Fletcher en mi vida y por tanto tenía una perspectiva completamente diferente acerca de cómo otras madres "lo lograban". Kathy era unos años mayor que yo y su hija Katelyn tenía como 15 meses cuando Danya nació. Kathy me invitaba a almorzar cuando su casa no lucía perfecta, cuando ella no lucía perfecta y cuando Katelyn no lucía perfecta. La primera vez que me invitó, me estaba mostrando su casa y se detuvo para explicarme sus "pilas".

"Estas son mis pilas", dijo con risa mientras señalaba las cajas de ropa que estaba clasificando y varios bultos de papeles en el medio de lo que debió haber sido su sala formal. "Parece una enfermedad. ¡Mis pilas! Ahora mismo no puedo tenerlo todo en orden, pero sé que podré limpiar mi casa el día entero cuando Katelyn haya crecido y ya no esté". Ella realmente vivía así. Kathy siempre tenía tiempo para hablar y para orar y para reírse de los granos de cereal que se aplastaba bajo nuestros zapatos en el piso de la cocina. Qué bendición para una mamá nueva de una madre que tenía experiencia: aprender la prioridad de lo eterno por encima de lo temporal. Ese bebé chillón que quiere lactar cada dos horas y la mayor parte de la noche, un día servirá jugo a tus nietos. De aquí a allá, ¿qué es lo importante?

Como cualquier niño, Katelyn no siempre se portaba perfectamente. Cuando se portaba mal, Kathy la disciplinaba ahí mismo, frente a mí, y le mostraba una firmeza con cariño que no esperaría hasta que se fuera una visita o que papi llegara a casa, lo cual me daba un patrón a seguir cuando mis propios hijos llegaran a esos "maravillosos dos años". No me malinterpretes, ella siempre tenía cuidado de no avergonzar a Katelyn. A veces, cuando iría a darle una reprensión más fuerte, salían de la habitación. De Kathy aprendí cómo la penitencia, las nalgadas y las calcomanías en un cuadro podían funcionar juntos de maravillas. También aprendí que enseñar a un preescolar a comportarse correctamente tiene más prioridad que asegurarse de que tu invitada tenga lleno el vaso de té. Kathy siempre era mamá primero y anfitriona después. Aprendí mucho al verle practicar la coherencia con su hija.

Yo estaba sola con mi primer bebé, vivía a kilómetros tanto de mi mamá como de mi suegra. Kathy y yo habíamos comenzado a dar clases a los niños de tres años en la iglesia y una vez por semana nos reuníamos en su casa para planificar las clases. Dios me enseñó mucho mediante el ejemplo cristiano de ella de cómo ser mamá.

Mis oraciones te acompañan, nueva mamá, a medida que pasas el primer año y tratas de dar lo mejor de ti. Sí se hace más fácil. ¡Es útil recordar que no estás sola! Asóciate con una mamá a quien no consideres perfecta sino real. Después de todo, la mayoría de esas madres del domingo por la mañana estuvieron despiertas la mitad de la noche, se molestaron con sus esposos esa mañana, les gritaron a los niños en el auto de camino a la iglesia y luego se pusieron sus máscaras como camuflaje cuando entraron por la puerta.

Ora hoy por el valor de ser una mamá real.

Día 17

Heroína sin gloria

Cuando Jesús alzó la vista y vio una gran multitud que venía hacia él, le dijo a Felipe:
—¿Dónde vamos a comprar pan para que coma esta gente?
Esto lo dijo sólo para ponerlo a prueba, porque él ya sabía lo que iba a hacer.
—Ni con el salario de ocho meses podríamos comprar suficiente pan para darle un pedazo a cada uno —respondió Felipe.
Otro de sus discípulos, Andrés, que era hermano de Simón Pedro, le dijo:
—Aquí hay un muchacho que tiene cinco panes de cebada y dos pescados, pero ¿qué es esto para tanta gente?
—Hagan que se sienten todos —ordenó Jesús.
En ese lugar había mucha hierba. Así que se sentaron, y los varones adultos eran como cinco mil. Jesús tomó entonces los panes, dio gracias y distribuyó a los que estaban sentados todo lo que quisieron. Lo mismo hizo con los pescados.
Una vez que quedaron satisfechos, dijo a sus discípulos:
—Recojan los pedazos que sobraron, para que no se desperdicie nada.
Así lo hicieron, y con los pedazos de los cinco panes de cebada que les sobraron a los que habían comido, llenaron doce canastas.

—Juan 6:5-13

Qué historia tan conocida esa del niño que compartió su almuerzo con Jesús. Jesús tomó esa pequeña ofrenda y la multiplicó en un banquete milagroso que dio de comer a más de cinco mil personas. Quizá escuchaste esa historia por primera vez cuando eras una niña. A menudo se utiliza en las lecciones de escuela dominical para niños como ilustración de lo que puede suceder cuando una persona decide compartir con otras. También pueden sacarse muchas ideas al pensar en lo que sucede cuando damos a Jesús cualquier cosa que tengamos, ya sea grande o pequeña.

Sin embargo, ahora eres madre. Quizá llegó el momento de mirar la Palabra de Dios desde esa perspectiva y especular que debe haber habido una madre involucrada en esta historia. Nunca tendremos evidencias concretas de ella en este lado de la eternidad, pero yo sé muy dentro de mi corazón que existió.

Ella se levantó temprano esa mañana para empacar almuerzo para su hijo. Había escuchado que Jesús estaría cerca ese día y sabía que muchas personas iban a ir a escuchar sus enseñanzas. Sin embargo, ella estaba a cargo de sus padres ya ancianos o tenía un bebé pequeño o simplemente tenía mucho que hacer y no podía ir. En cambio, animó a su hijo para que fuera y escuchara al joven maestro. Cuando le dio la bolsa con el almuerzo puede haberle dicho: "Escucha atentamente y recuerda todo lo que suceda para que me cuentes cuando regreses a casa." Entonces siguió adelante con su día, ocupada con todas las tareas de rutina que realmente nunca se agradecen pero que se extrañan muchísimo cuando no se hacen.

Cuando el chico regresó a casa esa noche le contó a esa querida madre lo que Jesús había hecho con su almuerzo. ¿Te imaginas? Primero, el orgullo que ella sintió por la generosidad de su hijo y luego, el comprender que sin saberlo ¡había empacado un banquete en una bolsa! Aunque nunca se le menciona en la Escritura, ella es una parte importante de ese banquete, de ese milagro en la colina.

A medida que estableces una rutina con tu bebé puede que te sientas frustrada ante la monotonía de esta vida posparto detrás del escenario. Al fin y al cabo, cualquiera puede cambiar pañales, y mecer, y lavar veinticinco libras de ropa a la semana. Cualquiera pudiera haber empacado ese almuerzo, pero Dios la escogió a ella. Y Dios te escogió a ti. Juntas están alistadas en las filas de madres que son las heroínas sin gloria de nuestra cultura norteamericana. Mientras bendices a tu hijo con tu fidelidad, Dios te bendecirá con su fidelidad y nada será desperdiciado.

Dale gracias hoy a Dios por haberte escogido.

Día 18

Boinas verdes

Una vez más los israelitas hicieron lo que ofende al Señor. Por eso él los entregó en manos de los filisteos durante cuarenta años. Cierto hombre de Zora, llamado Manoa, de la tribu de Dan, tenía una esposa que no le había dado hijos porque era estéril. Pero el ángel del Señor se le apareció a ella y le dijo: "Eres estéril y no tienes hijos, pero vas a concebir y tendrás un hijo. Cuídate de no beber vino ni ninguna otra bebida fuerte, ni tampoco comas nada impuro, porque concebirás y darás a luz un hijo. No pasará la navaja sobre su cabeza, porque el niño va a ser nazareo, **consagrado a Dios desde antes de nacer***. Él comenzará a librar a Israel del poder de los filisteos."*

La mujer fue adonde estaba su esposo y le dijo: "Un hombre de Dios vino adonde yo estaba. Por su aspecto imponente, parecía un ángel de Dios. Ni yo le pregunté de dónde venía, ni él me dijo cómo se llamaba. Pero me dijo: "Concebirás y darás a luz un hijo. Ahora bien, cuídate de no beber vino ni ninguna otra bebida fuerte, ni de comer nada impuro, porque el niño será nazareo, consagrado a Dios desde antes de nacer hasta el día de su muerte."

Entonces Manoa oró al Señor: "Oh Señor, te ruego que permitas que vuelva el hombre de Dios que nos enviaste, para que nos enseñe cómo criar al niño que va a nacer".

—Jueces 13:1-8

Al personal de las fuerzas especiales del ejército de Estados Unidos se le conoce por su entrenamiento excepcional en técnicas de supervivencia, habilidades para la comunicación, su armamento e incluso el paracaidismo. Estas personas, a quienes con más frecuencia se les llama a infiltrarse en las líneas enemigas, también son conocidas por las boinas verdes que son parte de su uniforme. Las boinas verdes los separan, los distinguen como miembros de esa unidad altamente capacitada.

Cada uno de nosotros es "apartado" desde el nacimiento ya que Dios tiene un plan para cada vida. Gracias al regalo del libre albedrío, depende de cada persona decidir si seguirá o no el plan de Dios para su vida. Algunas veces Dios bendice a las familias con hijos que son "apartados" por ciertas necesidades o talentos. Un ángel le dijo a la madre de Sansón que el hijo que ella concebiría había sido designado por Dios para "[comenzar] a *librar a Israel del poder de los filisteos*" (versículo 5). A las madres de hoy se les comunican las características notables de sus hijos aún no nacidos mediante un ultrasonido o de la amniocentesis. Ya sea que te dijeron o no antes de la llegada del bebé que tenía necesidades especiales o que meses después descubres que estás viviendo con un genio, todos podemos decir junto con Manoa, el papá de Sansón: *"Oh Señor, te ruego... [enséñanos] cómo criar al niño que va a nacer"* (versículo 8).

Tarde una noche de verano en 1994 yo estaba mirando el desfile de Miss América con mi hermana. Nos habíamos perdido la primera parte del programa pero lo pusimos justo a tiempo para ver a una joven encantadora hacer un número de ballet con la canción cristiana "La vía dolorosa". Yo estaba emocionada al ver a una participante hablar de su fe de una manera tan valiente y me regocijé con su testimonio de Cristo. Su interpretación fue hermosa. Cuando el programa avanzó de la parte de los talentos a las entrevistas, me quedé asombrada al saber que esta bailarina era sorda. Su nombre era Heather Whitestone y esa noche la coronaron como Miss América.

Su madre, Daphne Gray, escribió la increíble historia de Heather en el libro *Yes, You Can, Heather!* [Si, tu puedes, Heather] Es la historia de una hija, una mamá y la lucha que compartieron. También es la historia de un Dios que nos sostiene en cualquier cosa que la vida nos depare. Todos podemos aprender con el relato sincero de Daphne acerca del enojo que sintió al descubrir que Heather era totalmente sorda. Daphne es una mamá genuina; aquí no hay máscaras. Ella estaba enojada con Dios. Cuenta en su libro: "Lo curioso del caso era que, a pesar de lo enojada que estaba con Dios, no podía dejar de hablarle por completo. Supongo que las viejas costumbres no se pierden fácilmente porque incluso en los momentos en que más enojada estaba, cuando me sentía más frustrada, asustada o desvalida, me sorprendía clamando a él sin saberlo en busca de ayuda y dirección."

Dios no abandonó a Daphne. Él la escuchó, tal y como escuchó la oración de Manoa, tal y como escucha la tuya. Todos los hijos son especiales, pero algunos llegan con necesidades especiales y dependen de nosotros de una manera para la cual no nos sentimos preparados. Quiero decirte que así como los boinas verdes reciben el entrenamiento más especializado para sus tareas, de igual manera Dios te enseñará y te capacitará para un ajuste a la medida con el hijo que te dé para criar.

Daphne también cuenta sobre el día en que llevó a Heather y a sus dos hermanas a jugar a un parque de la ciudad. Ella disfrutaba ver a sus hijas interactuar con otros niños y admiraba la manera cariñosa en que las niñas mayores aprendieron a tratar a Heather con naturalidad, y al mismo tiempo tener en cuenta su sordera. Daphne escribe: "En ese momento pareció que Dios me hablara directamente al corazón. 'Estás viendo lo que hay que hacer. Estás viendo lo que Heather puede hacer, cómo ella puede encajar.

¡Basta ya de autocompasión! ¡Es hora de que dejes de sentir lástima de ti misma! Puedes seguir enojada para siempre, pero eso no te hará ningún bien. Ni tampoco ayudará a Heather ni a las otras dos niñas. Es hora de que te levantes y sigas adelante. Hay decisiones que tomar. Yo he estado contigo. Estoy contigo ahora y estaré para ayudarte y guiarte a lo largo del camino. Solo tienes que confiar en mí.'"

Ora hoy para tener un corazón rendido al Salvador; que confíe en él ahora, en la eternidad y en todos los momentos de la vida.

Día 19

La batalla del saliente

El Espíritu dice claramente que, en los últimos tiempos, algunos abandonarán la fe para seguir a inspiraciones engañosas y doctrinas diabólicas. Tales enseñanzas provienen de embusteros hipócritas, que tienen la conciencia encallecida. Prohíben el matrimonio y no permiten comer ciertos alimentos que Dios ha creado para que los creyentes, conocedores de la verdad, los coman con acción de gracias. 4 Todo lo que Dios ha creado es bueno, y nada es despreciable si se recibe con acción de gracias, 5 porque la palabra de Dios y la oración lo santifican.
Si enseñas estas cosas a los hermanos, serás un buen servidor de Cristo Jesús, nutrido con las verdades de la fe y de la buena enseñanza que paso a paso has seguido. Rechaza las leyendas profanas y otros mitos semejantes. Más bien, ejercítate en la piedad, **pues aunque el ejercicio físico trae algún provecho, la piedad es útil para todo, ya que incluye una promesa no sólo para la vida presente sino también para la venidera.**

—I Timoteo 4:1-8

Sabías que realmente hubo una "Batalla del saliente" (La Batalla de Árdenas)? Se produjo durante la Segunda Guerra Mundial, duro seis sangrientas semanas y hubo muchas bajas en ambas partes. Le llamaron la "Batalla del saliente" debido a la forma saliente con que se veía el área del campo de batalla en un mapa militar. Las fuerzas aliadas casi pierden esta batalla y en un momento, el comandante alemán pidió que se rindieran. El general de brigada Anthony C. McAuliffe de las fuerzas aliadas contestó: "¡Ni loco!" En unas pocas semanas los aliados habían recuperado el terreno y capturaron a más de 300.000 soldados enemigos. Nuestro uso contemporáneo de una "batalla del saliente" es para describir las luchas personales de la gente con su peso. Por supuesto que espero que esto no sea un problema para ti, pero si lo es, sigue leyendo.

Momentos después de haber dado a luz a Danya, la enfermera de obstetricia tomó mi mano y dijo con gentileza: "Recuerda que te llevó nueve meses subir de peso por el embarazo. Concédete nueve meses para perderlo." Yo dije igual que el viejo general de brigada McAuliffe: "¡Ni loca!" Mi experiencia personal ha sido, y está bien documentada por los médicos, que mientras más tiempo te quedas con el peso, *¡más tiempo se queda!*

Amamantar ayuda a perder un poco, pero igual ayuda tu sentido común. Si nunca antes has estado en casa a tiempo completo, puede que agradezcas el estar a kilómetros de las máquinas dispensadoras, pero ten cuidado, si cargas muchas golosinas en el mercado, estás buscándote un problema. Trata de no hacerlo.

Ahora necesitarás más calorías, pero como quizá leíste en los libros de *Qué esperar*, asegúrate de que esas calorías cuenten. Que no sean sólo calorías vacías, sino tambien calorías de alimentos ricos en proteína. Cuando tu médico te dé luz verde, regresa a tu programa de ejercicios o empieza una dieta. Dale uso a ese nuevo cochecito y sal a caminar. A los bebés les encanta pasear: por tu vecindario, por el centro comercial (evita el área de las comidas), y en un parque cercano. ¡Puedes hacerlo!

Tu entrenamiento espiritual es más importante que tu entrenamiento físico, como le dijo Pablo a Timoteo en el pasaje de hoy. ¿Te estás llenando con calorías vacías? Piensa en las decisiones que estás tomando con relación a lo que ves, lo que lees y lo que escuchas. No estás sola en casa. ¿Reflejan tus hábitos los de alguien que está pasando el día con Jesucristo, modelando su semejanza en su nuevo bebé?

Confieso que cuando comencé a quedarme en casa tenía una telenovela favorita que había empezado a ver en el trabajo. La ponían en mi horario de almuerzo y mi jefa y yo la veíamos juntas en la sala de descanso. Yo tenía la oportunidad de levantar los pies durante una hora; conversaba con mi encantadora jefa y me mantenía ocupada al dar excusas de por qué estaba bien que viera a esta gente por televisión quebrantar todos los 10 mandamientos cada 20 minutos y decir que era entretenimiento. No se necesita mucho tiempo para que Satanás identifique un área en tu vida en la que pueda ganar apoyo. Yo estaba lista. Una vez que Danya nació, mi famosa excusa de "dejaré de ver esto cuando esté en casa" se convirtió en "este es el único momento que tengo para sentarme". Me había vuelto adicta. También me sentía culpable. Entendía que eran cinco horas desperdiciadas en la semana, un tiempo valioso, un tiempo que podía gastarse de una manera mucho mejor. ¿Por qué era mucho más fácil encender el televisor que tomar mi Biblia? Cuando comencé a soñar con los personajes del programa supe que había perdido el control. Hace rato que debía entregárselo al Señor y por fin lo hice. No fue fácil y me sentí muy tentada al principio, pero el Señor me ayudó a apagarlo, mantenerlo apagado y no mirar atrás.

Solo Dios puede darte la disciplina para evitar las calorías vacías en tu vida, tanto espirituales como físicas. Yo sé que él puede. Lo ha hecho por mí.

Pregúntale hoy al Gran Médico si tiene una dieta y un programa de ejercicios para ti.

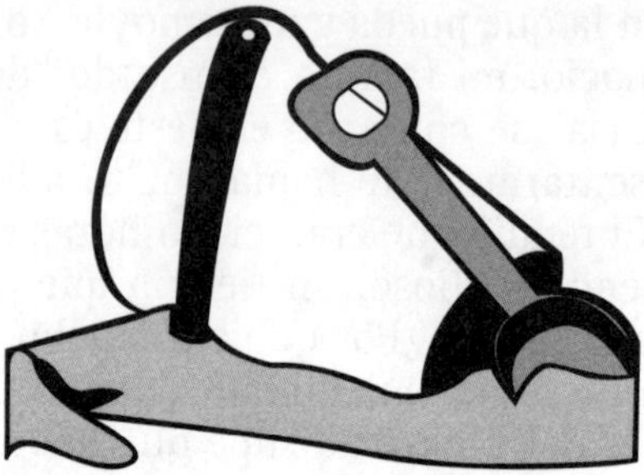

Día 20

Prácticas de tiro

La vara de la disciplina imparte sabiduría, pero el hijo malcriado avergüenza a su madre.
Cuando prospera el impío, prospera el pecado,
pero los justos presenciarán su caída.
Disciplina a tu hijo, y te traerá tranquilidad;
te dará muchas satisfacciones.
Donde no hay visión, el pueblo se extravía;
¡dichosos los que son obedientes a la ley!

—Proverbios 29:15-18

Cómo los esforzados colonos vencieron a la establecida nación de Inglaterra en la Guerra de Independencia? No tenían los medios financieros, ni el armamento ni las provisiones de su antigua patria. Sin embargo, lo que sí tenían nuestros ancestros era la visión de un país libre. Aunque no podían ver el futuro, soñaban con él. Establecieron sus metas, determinaron sus objetivos, consideraron el precio y luego no se rindieron. Hubo muchos contratiempos, pero el espíritu norteamericano no se extinguía. Estos luchadores valientes y fieles permanecieron firmes. Hoy, aunque sea la primera en reconocer que tenemos muchos problemas, los Estados Unidos sigue siendo una potencia y sigue siendo la nación más grande de la tierra.

¿Cuál es tu visión para tu hijo? Un día ese recién nacido totalmente dependiente será un adulto independiente. Ya que los negocios tienen metas de productividad, planes para cinco y diez años y pronósticos financieros, ¿por qué no hacer lo mismo nosotras las madres en nuestro negocio de criar niños piadosos? ¿Cuáles son tus metas en la crianza de los hijos? ¿Qué características del carácter anhelas ver en tus hijos cuando crezcan? Cuando imaginas el producto acabado dentro de 18 años, ¿qué esperas?

Hace unos años me senté con papel y pluma y vine delante del Señor a pedirle que me mostrara cuál debía ser mi visión para mis hijos. Lo siguiente es el resultado de esa oración:

> *Mi visión para mis hijos es que se conviertan en cristianos maduros: que lleven vidas piadosas, que consideren la Biblia como la regla para todos los asuntos de la vida, capaces de ofrecer a otros consejos sabios y que sean totalmente responsables delante de Dios por su conducta y sus pensamientos.*
>
> *Oro para que cada uno de ellos escoja someterse al Señor por encima de su voluntad egoísta y que disfruten la vida abundante mediante una relación íntima y personal con el Cristo vivo; que lo amen con todos sus corazones, sus mentes y sus almas. Que estos hijos sean los "pilares de la iglesia, soldados de la cruz y verdaderos siervos de Jesús". Oro en el bendito y maravilloso nombre de Jesús, Amén.**

* *Esta cita es de una oración de Luis Palau por sus hijos en la revista New Man 1997)*

Trato de llevar esta petición delante del Señor cada mañana. Me resulta útil para establecer mis prioridades, lo eterno sobre lo temporal, mientras enfrento cada día en casa con mis hijos. Arnie Ortlund escribe en *Disciplines of a Beautiful Woman* [Disciplinas de una mujer Hermosa]: "Mientras más vivo más comprendo que lo único que importa en esta vida son Dios y las personas y relacionar al primero con los segundos. Estoy dispuesta a deshacerme de muchas cosas para luchar por lo importante".

¿Y tú mamá? Es normal a estas alturas luego del parto, que te recuperes, limpies la casa y establezcas una rutina. Todo eso es positivo y bueno pero "volver a la normalidad" no es tu meta inmediata ni eterna. En tus manos tienes un bebé. A él no le interesa si la casa está recogida ni si llevas maquillaje o no. Lamentablemente, a él no parece preocuparle que tus senos duelan y que estés agotada. Lo único que quiere saber es que si llora, tú estarás ahí. Aunque puede que estés intentando que él duerma toda la noche y, por supuesto, estás aspirando a establecer una rutina de lactancia o de alimentación que funcione para ambos, el blanco de esta diana está centrado en el hecho de que tú eres la conexión de este niño con Cristo, su conexión con Dios. Recuerda eso, todo lo demás se alineará con una perspectiva piadosa y una paciencia que nunca antes has experimentado. ¡De veras!

Ora para que durante la práctica de tiro de hoy ¡no se te acaben las municiones!

Día 21

Por triplicado

El Señor le habló a Moisés en el desierto de Sinaí, en la Tienda de reunión, el día primero del mes segundo, en el segundo año después de que los israelitas salieron de Egipto. Le dijo: **"Hagan un censo de toda la comunidad de Israel por clanes y por familias patriarcales, anotando uno por uno los nombres de todos los varones.** *Tú y Aarón reclutarán por escuadrones a todos los varones israelitas mayores de veinte años que sean aptos para el servicio militar. Para esto contarán con la colaboración de un hombre de cada tribu, que sea jefe de una familia patriarcal.*

—Números 1:1-4

El libro de Números revela el gran amor de Dios por nosotros de una manera especial al llamar la atención por lo detallista que es. Puede que estemos muy familiarizados con el versículo que dice que cada cabello de nuestras cabezas está contado pero ¿alguna vez te detienes a pensar en el asunto? Muchas veces, al avanzar con dificultad por las listas de nombres, linajes y hechos que aparecen en el Antiguo Testamento, yo reconozco que tengo tendencia a pasarlas rápido o no leerlas. Pero estas, al igual que el resto de las cosas en la Palabra de Dios, están ahí por alguna razón.

Nuestro Dios es un Dios de orden, no de caos.

De unidad, no de división.

De cordura, no de locura.

Gracias a Dios por lo obediente que le fue Moisés. El primer paso para desarrollar la nación de Israel era organizarla. Había que hacer un censo que incluyera nombres, listas y números. Dios cuidó de su pueblo. Cada uno era especial. Realmente eran su "su posesión preciosa" (Deuteronomio 26:18), y él quería que ellos lo supieran, no por limpiar sus tiendas ni sacudir al aire sus cobijas, sino al registrar sus nombres, uno por uno.

¿Cómo está tu casa hoy? ¿Está patas arriba? En la sala hay una mecedora para bebés y un corralito. En la mesa de comer hay un asiento para infantes. El lavaplatos y el fregadero están llenos. El refrigerador está vacío. El cesto de la ropa sucia está desbordado y ¿qué más? ¡El polvo ya alcanza una pulgada y los pisos anhelan que les pasen la aspiradora! Pues ¿sabes qué? Creo que la organización de tu casa vendrá después, no en las primeras seis semanas. Ya lo harás, pero hay algo que puedes hacer hoy que le mostrará a tu bebé que lo amas más que a una casa limpia.

Por supuesto que tienes el libro de tu bebé al día (¡eso espero!), pero además, trata de llenar una bolsa plástica con la ropa que tu bebé usó del hospital a la casa, una foto, los brazaletes de identificación que les pusieron y una carta hecha por ti. Quizá quieras mencionar en esa carta lo que significa el nombre del bebé, por qué se escogió y cuán bien le encaja. Ponla en un lugar seguro y comprende que has hecho algo especial por tu hijo. Cerciórate de hacer esto para cada uno de tus bebés, uno por uno. (Eso significa que yo lo he hecho ¡por triplicado!) Ese libró de bebé, lleno con todos los detalles de tu primer hijo, a menudo se ignora con los hijos siguientes. Incluso si nunca lo llenaste, haz esto hoy, en los años próximos tendrás algo para contemplar y compartir con tu hijo. ¡Quién sabe si hasta cargarás a un nieto vestido con esa ropita especial! Mi mamá guardó un vestidito azul mío y me lo dio para que Danya lo usara. Fue tan especial saber que mamá había guardado ese vestido todos esos años y que me diera algo de cuando yo era bebé para compartirlo con mi propia hija.

Puede que estés pensando que realmente hoy no tienes tiempo para hacer eso, pero recuerda que mañana, al igual que hoy, no tiene más de 24 horas. ¡Toma el tiempo para hacerlo! Te alegrará haberlo hecho.

Agradécele a Dios por su orden en medio de nuestro caos.

Día 22

Secretos militares

Consejos sanos de madres cuerdas

Confía en el Señor de todo corazón,
y **no en tu propia inteligencia.**
Reconócelo en todos tus caminos,
y él allanará tus sendas.
—Proverbios 3:5—6

En mi primera fiesta por la llegada del bebé, preparada por mi clase de la Escuela Dominical en Charlotte, North Carolina, recibí un librito que contenía los mejores consejos de otras madres en cuanto a la crianza de los hijos. Es un tesoro que anhelo compartir con Danya algún día. Me hace feliz transmitir lo mejor de la sabiduría de ellas, así como algunos consejos más que he recibido de otras madres a lo largo del camino.

Truco de Kathy para las sábanas

Cuando tiendas la cuna, empieza con una sábana ajustable, luego pon un forro impermeable del tamaño de la cuna y luego otra sábana ajustable. Si el bebé tiene un buche o vomita en la cama, sólo quita las dos capas superiores (sábana y forro), y estás lista para acostarlo otra vez. (Esto elimina andar buscando sábanas limpias a las dos de la mañana)

Cambiadores de Vicki

Si tienes una casa de dos pisos, asegúrate de tener un cambiador en cada uno. Vicki tenía el cambiador de su hijo Carson en su cuarto, que estaba en el segundo piso, donde ella guardaba todos los útiles para cambiar pañales. Ya que Vicki tenía problemas en la espalda, no pasó mucho tiempo para que entendiera los beneficios de ese cambiador y la desventaja de tener que subir las escaleras cada vez que tenía que cambiar un pañal. Ella puso otro lugar para cambiar los pañales en su cocina, guardó un paquete de pañales y los demás útiles en un gabinete, y usaba la superficie de la isla de la cocina para hacer los cambios. (Cuando nos dimos cuenta para qué Vicki usaba la isla de su cocina, sólo comíamos en su casa comida para llevar hasta que Carson ya no usaba pañales.)

Comida a las 7:00 P.M. de Eric

Cuando Katelyn nació, Kathy tomó la decisión de lactar y todo iba de maravillas. Pero cuando Katelyn cumplió tres meses a Kathy se le ocurrió la brillante idea de dejar que su esposo Eric compartiera también el tiempo de la comida. La edad de tres meses es el momento ideal para introducir un biberón en las comidas suplementarias. Kathy dejó que Eric fuera quien introdujera el biberón a Katelyn y escogió las 7:00 P.M. como el tiempo que ellos pasaran juntos. Esto permitía que Eric se relajara luego de un día ocupado y disfrutara de su bebé. Le daba a Kathy un descanso bien merecido y también le daba la oportunidad de tener una salida ocasional con las amigas o para las reuniones en la iglesia.

La filosofía reveladora de Yvonne

1. Ora y lee la Biblia en el primer momento de quietud que tengas cada día.
2. Busca muchos consejos, confía en tus “instintos de madre” Tú conoces a tu bebé mejor que nadie.
3. Toma montones de fotos.
4. Besa a ese bebé constantemente.
5. ¡Besa más a tu esposo!

Sherry habla acerca de la fragilidad

Los niños no son tan frágiles como pensamos. Son flexibles, mucho más que nosotros mismos. Dales la libertad de descubrirse a sí mismos y de explorar su mundo sin nuestra aprehensión.

Loretta habla sobre la vida como un chupete humano

Si lactas, prepárate para sentir algunos días que lo único que haces es lactar. Pero está bien, los bebés crecen rápido y no podrás cargarlos durante mucho tiempo.

Receta de ensalada de col de Lorie

Puede que los primeros días de lactar, y después también, tus senos se llenen, a medida que cambian las necesidades o el horario del bebé. Cuando esto suceda, prueba poner una hoja de col roja a cada lado de tu sostén. ¡Esto reducirá la inflamación! Cuando la hoja se marchite, simplemente reemplázala por una fresca hasta que otra vez te sientas cómoda.

Número para emergencias de Micca

Cuando las cosas se pongan difíciles, ¡llama a tu mamá!

Consejos profundos y prácticos de Debbie

Profundo: Ser madre se resume en 1 Corintios 13. Si vives de acuerdo a lo que dice aquí a medida que interactúas con tu bebé, ¡no te puedes equivocar!

Práctico: Cuando comiences a dar de mamar, ten paciencia, hazlo a menudo, toma mucha agua ¡y descansa!

Una palabra de María relacionada con papá

Aunque al principio pueda ser difícil, toma tiempo para ti y para tu esposo.

Lo mejor de Rebeca para cambiar al bebé

Embadurna cada noche la colita del bebé con la crema blanca *(Desitin* o una marca genérica) cuando hagas el último cambio de pañal. Yo he criado tres hijos y he demostrado que

¡vale más precaver que lamentar! (También es una buena idea usarlo más seguido cuando el bebé está tomando antibióticos, especialmente en las niñas.)

La última palabra por Kathy

Cuando la gente te dé consejos (y lo harán), sonríe con gentileza, escucha y *¡haz lo que te parezca bien!*

Ora hoy para que Dios te rodee de consejos sabios.

Día 23

El coronel

El amor es paciente, es bondadoso. El amor no es envidioso ni jactancioso ni orgulloso. No se comporta con rudeza, no es egoísta, no se enoja fácilmente, no guarda rencor. El amor no se deleita en la maldad sino que se regocija con la verdad. Todo lo disculpa, todo lo cree, todo lo espera, todo lo soporta. El amor jamás se extingue... Ahora, pues, permanecen estas tres virtudes: la fe, la esperanza y el amor. ***Pero la más excelente de ellas es el amor****.*

—1 Corintios 13:4-8a, 13

Cuando yo estaba embarazada de mi primer bebé, me sorprendió cuántas de las chicas en mi clase de *Lamaze* tenían temores muy arraigados con respecto a criar a sus bebés. Yo estaba demasiado ocupada en mantener la comida en el estómago, la presión arterial baja y los pies en alto para siquiera considerar por un instante que no podía hacer eso de "mamá". Yo tuve una gran mamá, así que si sigo su ejemplo, ¡debo ser capaz de producir un montón de hijos tan buenos como yo!

Pero cuando llegaron mis hijos entendí que nuestro amoroso Dios se encargó de que nuestras memorias realmente no se activen hasta los tres años. (Él hizo esto también con nuestras madres para que no nos acordemos de todos sus errores. Afortunadamente, ahora funciona con nosotras.) Yo no tenía idea de cómo mi madre nos crió a nosotras cuando éramos preescolares, yo sólo sabía que no podía parecerse en nada a la manera en que estaba tratando a sus nietos. Así que yo iba a tener que improvisar durante los primeros años con mis hijos. Entonces, un día me senté y traté de pensar en los primeros recuerdos que tengo de mi mamá. Tal vez quieras intentarlo tú también. Esto fue lo mejor que se me ocurrió:

Recuerdo que estaba muy, muy enferma y mi mamá me mecía durante la noche. Recuerdo lo cerca que estábamos y cuánto yo agradecía poder abrazarme a ella. Su bata era tan suave, y la casa estaba en silencio, con excepción de aquel sillón que se mecía hacia delante y hacia atrás. Más que cualquier sensación de enfermedad, recuerdo una sensación de seguridad. Incluso de alivio. Debo haber estado enferma, pero estaba segura.

Una mañana, supongo que tendría unos cuatro años (y debe haber sido una de "esas" mañanas porque recuerdo esta sensación alocada y nerviosa de apuro), mi mamá entró apurada a mi habitación, lista para salir para la escuela. En aquel entonces ella daba clases de preescolar por las mañanas en la escuela de una iglesia cercana mientras yo iba a la clase de párvulos en otra aula que estaba en el mismo pasillo. Ya que a esa edad yo ya me vestía sola, mamá me preguntó si me había puesto mi enagua. Yo era famosa (incluso en aquella época) por no ponerme el enagua. Recuerdo vívidamente que comencé a caminar de espaldas hacia la pared mientras asentía y decía "*sí*".

No importaba que estuviéramos apuradas. Mi mamá no pasaba por alto una mentira. Ya que el enagua todavía estaba en mi gaveta, y ella sabía que yo estaba diciendo mentirillas, me dio una nalgada, me quitó el vestido, me puso el enagua, volvió a ponerme el enagua, luego el abrigo, y nos fuimos. (Apuesto a que llegamos justo a tiempo.) Yo no podía mentirle a mi mamá, gracias a Dios, y ella nunca dejaba pasar la disciplina por cuestión de conveniencia.

Mi recuerdo más tierno de mi mamá carece de detalles. Lo único que recuerdo es que estábamos hablando de algo y yo contesté: "Gracias, pero no, gracias." Mi mamá me miró con una mirada que decía que ella pensaba que yo era la persona más linda y graciosa sobre la tierra. Lo decía con sus ojos y con todo su rostro. Con una sonrisa, me atrajo hacia ella y me dijo: "¡Te quiero!" Y yo sabía que realmente era así. Esta mujer que yo adoraba, me adoraba a mí también. Yo sabía que era real. Esto también debe haber sucedido en mi edad preescolar, pero todavía lo recuerdo, y todavía sé que es verdad. Y todavía experimento la misma sensación maravillosa cuando pienso en ello. Mi mamá me ama.

De esos pequeños recuerdos veo que tuve una mamá que me cuidó, me disciplinó y me amó, pero el mayor de ellos es el amor.

Toma tiempo hoy para agradecerle a tu mamá su amor incondicional y luego, dale gracias a Dios, el más grande amante de todos, por su amor.

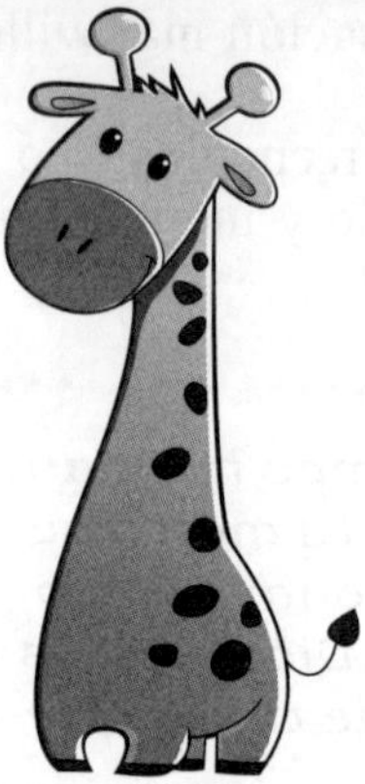

Día 24

Pelotón de fusilamiento

Pero Jesús se fue al monte de los Olivos. Al amanecer se presentó de nuevo en el templo. Toda la gente se le acercó, y él se sentó a enseñarles. Los maestros de la ley y los fariseos llevaron entonces a una mujer sorprendida en adulterio, y poniéndola en medio del grupo le dijeron a Jesús:

—Maestro, a esta mujer se le ha sorprendido en el acto mismo de adulterio. En la ley Moisés nos ordenó apedrear a tales mujeres. ¿Tú qué dices?

Con esta pregunta le estaban tendiendo una trampa, para tener de qué acusarlo. Pero Jesús se inclinó y con el dedo comenzó a escribir en el suelo. Y como ellos lo acosaban a preguntas, Jesús se incorporó y les dijo:

—Aquel de ustedes que esté libre de pecado, que tire la primera piedra.

E inclinándose de nuevo, siguió escribiendo en el suelo. Al oír esto, se fueron retirando uno tras otro, comenzando por los más viejos, hasta dejar a Jesús solo con la mujer, que aún seguía allí.

Entonces él se incorporó y le preguntó:

—Mujer, ¿dónde están? ¿Ya nadie te condena?

—Nadie, Señor.

—Tampoco yo te condeno. Ahora vete, y no vuelvas a pecar.

—Juan 8:1-11

Una de las cosas más difíciles de vencer para mí como mamá fue lo que dije acerca de los hijos de otros antes de que yo tuviera los míos. Cuando era estudiante de secundaria y durante la universidad, yo trabajaba en comercios minoristas y a menudo era culpable de emitir juicios apresurados (en realidad juicios equivocados) acerca de los padres y de sus hijos (especialmente de niños activos y enérgicos como los que Dios me dio). ¿Puedes crees que con toda la sabiduría de una mujer de 19 años, soltera y sin hijos una vez le recomendé el libro *Cómo criar a un niño de voluntad firme* a una pareja que batallaba con un niño pequeño en mi tienda? ¡Vaya! ¡Cómo he tenido que arrepentirme de eso! Todas las cosas tontas que he pensado o dicho han vuelto a mí con la exactitud de un pelotón de fusilamiento en mis momentos más débiles y desesperados como madre.

Lamentablemente, en ocasiones todavía soy culpable de criticar a otras madres en lugar de darles apoyo. Quién sabe por qué pero por alguna razón a nosotras las mujeres, que somos capaces de desarrollar las relaciones más íntimas en un pequeño círculo de amigas, parece que nos resulta difícil apoyarnos unas a otras en general, como mujeres. Es como si estuviéramos involucradas en una especie de rara competencia en la que ganamos puntos al detallar los errores de otras, así que examinamos las decisiones y métodos de las demás para validar las nuestras.

El fascinante relato de Juan acerca del encuentro de Jesús con la mujer adúltera revela con gran claridad la existencia despreciable de las mujeres en aquella cultura antigua. Esta pobre y solitaria mujer estaba rodeada de un grupo de hombres arrogantes y aborrecibles, algunos de los cuales ella debe haber conocido *en persona*. ¿Dónde estaban sus amigas? ¿Tenía alguna? Nadie de su propio género acudió a ayudarla con un grupo de apoyo ni una campaña legislativa ni con un bombardeo de los medios de comunicación a favor de los derechos de las adúlteras. No, fue necesario que el Salvador sin pecado recordara a sus acusadores que ninguno de ellos llegaba a los estándares de Dios. Ya sea que la estuvieran juzgando por su ignorancia o para demostrar su valor, no pudieron "tender la trampa" (versículo 6) al Señor Jesús porque él conocía los motivos de ellos. Él conocía sus corazones y también el de ella.

No existen madres perfectas (y por cierto, tampoco hay hijos perfectos, independientemente de lo que digan los abuelos de tu bebé). Sin embargo, si una adúltera puede ser absuelta por la compasión de un carpintero, sin dudas que una buena mamá puede ser mejor mamá cuando se le elogia en lugar de condenarla. No nos juzguemos a nosotras mismas, ni a las demás, sino que hagamos hoy el compromiso de apoyar a las madres que conocemos mediante la oración, con una palabra amable o con una nota reconfortante. Al fin y al cabo, la suegra de tu bebé anda por ahí...en algún lugar.

Pídele a Dios que te muestre una manera de animar hoy a otra madre.

Día 25

En la trinchera

Cual ciervo jadeante en busca del agua,
así te busca, oh Dios, todo mi ser.
Tengo sed de Dios, del Dios de la vida.
¿Cuándo podré presentarme ante Dios?
Mis lágrimas son mi pan de día y de noche,
mientras me echan en cara a todas horas:
"¿Dónde está tu Dios?"
Recuerdo esto y me deshago en llanto:
yo solía ir con la multitud,
y la conducía a la casa de Dios.
Entre voces de alegría y acciones de gracias
hacíamos gran celebración.
¿Por qué voy a inquietarme?
¿Por qué me voy a angustiar?
En Dios pondré mi esperanza
y todavía lo alabaré.
¡Él es mi Salvador y mi Dios!
—Salmo 42:1-5

Las series cómicas son aficionadas a mostrar a las embarazadas en todo tipo de situaciones cómicas, y una parte del embarazo que siempre es buena para reír son los antojos. Desde pepinillos encurtidos y helado en el desayuno hasta la carrera por una pizza de anchoas a las dos de la mañana, a muchas mujeres les parece que estas madres de la televisión son las únicas personas que ellas "conocen" que han tenido antojos prenatales. Esto le pasó a mi amiga Janie (el nombre se cambió para proteger su identidad).

Janie era una licenciada en enfermería y nunca le había dado mucho crédito a la idea de los antojos. Sin embargo, una mañana, Janie quería leche con chocolate. De hecho, ¡*realmente* quería leche con chocolate! Se lo quitó de la mente diciéndose a sí misma que realmente no lo quería. Se pasó el día haciendo los quehaceres domésticos normales, jugando con su niño de dos años y tratando de no pensar en un frío vaso de leche cremosa con chocolate. ¡Ella comenzó a creer que estaba perdiendo la cabeza! Aunque hacía lo posible para controlarlo, tenía un antojo total de leche con chocolate. Ya que se negaba a responder al mismo, estaba literalmente frenética al final del día.

Cuando su esposo llegó a casa, ella se las arregló para decirle que necesitaba algunas cosas en la tienda (tenía miedo de que él se riera de ella) y corrió al mercado más cercano. Janie, que entonces tenía unos siete u ocho meses de embarazo, era un verdadero espectáculo mientras iba derecho a la sección de productos lácteos y agarraba varias cajas de leche con chocolate. Luego de hacer su compra, apenas llegó al auto antes de tragarse un vaso grande, satisfaciendo así su antojo ¡y le corrían lágrimas por el rostro de puro alivio!

¡Oh, hermana cristiana! Mi oración es que todas tengamos un deseo de Jesús que nos deje prácticamente frenéticas hasta que él lo satisfaga. ¡Estamos en las trincheras de la maternidad! ¿Cómo encontramos tiempo para establecer esa relación con Cristo que tanto anhelamos? Mary Farrar escribe en su libro *Choices* [Decisiones]:

> *Cuando los niños están empezando a caminar, tu capacidad de tener un tiempo a solar con el Señor está a menudo totalmente fuera de tu control y muchas veces es imposible. A menos que puedas levantarte cada día a las 5 para tener un tiempo tranquilo con la Escritura o a menos que puedas permanecer despierta para un tiempo de meditación profunda en la Palabra durante la siesta de la tarde (¡yo por lo general me acostaba!), esos son años simplemente difíciles para pasar un tiempo tranquilo, a solas y de calidad con el Señor.*
>
> *Eso no cambia tu necesidad de estar a solas con Dios ni de recibir alimento de su Palabra. Pero existen muchas maneras creativas en las que puedes recibir el alimento que necesitas en esta etapa*

de la vida (como escuchar grabaciones mientras estás lactando, orar mientras cocinas o manejas, unirte a un grupo de madres, escapar los sábados para pasar tiempo con Dios cuando tu esposo está en casa). Si no te levantas cada mañana para tener un tiempo a solas con Dios, ¡tal vez de veras necesitas dormir! Dios comprende tu situación. Él sabe que estás dando lo mejor de ti en esta etapa de la vida.

Cuando le digas al Señor que tienes sed de él, él llenará ese anhelo. Él es fiel. Observa esas oportunidades según él las proporcione. Espera escuchar su voz cuando enciendas la radio cristiana. Cuenta con que tu maestro de escuela dominical, líder de grupo pequeño o tu pastor, tienen un mensaje especial para ti cuando asistes a los servicios. Cuando tienes un minuto para tomar un libro de lecturas diarias, alístate para recibir su Palabra en el pasaje seleccionado. Isaías 44:3 dice: *regaré con agua la tierra sedienta, y con arroyos el suelo seco.*

¿Y si no tienes ese anhelo? Entonces pídeselo. Él se ocupará del asunto. Él es tu Padre, él proveerá lo que tú necesitas. Él es tu satisfacción.

¿Qué desea tu alma?
Cuéntaselo a Jesús.

Día 26

Alteración del orden público

Una vez, estando en Siló, Ana se levantó después de la comida. Y a la vista del sacerdote Elí, que estaba sentado en su silla junto a la puerta del santuario del Señor, **con gran angustia comenzó a orar al Señor y a llorar desconsoladamente**. *Entonces hizo este voto: "Señor Todopoderoso, si te dignas mirar la desdicha de esta sierva tuya y, si en vez de olvidarme, te acuerdas de mí y me concedes un hijo varón, yo te lo entregaré para toda su vida, y nunca se le cortará el cabello." Como Ana estuvo orando largo rato ante el Señor, Elí se fijó en su boca. Sus labios se movían pero, debido a que Ana oraba en voz baja, no se podía oír su voz. Elí pensó que estaba borracha, así que le dijo:*
—¿Hasta cuándo te va a durar la borrachera? ¡Deja ya el vino!
—No, mi señor; no he bebido ni vino ni cerveza. Soy sólo una mujer angustiada que ha venido a desahogarse delante del Señor. No me tome usted por una mala mujer. He pasado este tiempo orando debido a mi angustia y aflicción.
—Vete en paz —respondió Elí—. Que el Dios de Israel te conceda lo que le has pedido.
—Gracias. Ojalá favorezca usted siempre a esta sierva suya.
Con esto, Ana se despidió y se fue a comer. Desde ese momento, su semblante cambió. Al día siguiente madrugaron y, después de adorar al Señor, volvieron a su casa en Ramá. Luego Elcaná se unió a su esposa Ana, y el Señor se acordó de ella. Ana concibió y, pasado un año, dio a luz un hijo y le puso por nombre Samuel, pues dijo: "Al Señor se lo pedí."

—1 Samuel 1:9-20

Cuando yo tenía 17 años, una amiga supo que estaba embarazada. Luci (todos los nombres de la historia se han cambiado) se había vuelto promiscua luego del divorcio de sus padres. Tenía varios novios. No estaba segura de cuál era el padre del bebé. Sentía temor de la reacción de sus padres si se enteraban del asunto, así que decidió hacerse un aborto. En aquel entonces yo animé y apoyé su decisión. Llegué a arrepentirme de eso profundamente.

Unos días después de que Luci y yo habláramos de su situación, yo estaba sirviendo de niñera en la casa de unos amigos de la familia. Su hijo pequeño, quien corría felizmente de un lado a otro, había sido adoptado hacía unos años, y Jack y Lynda estaban esperando otro hijo, un hermano para él. Ya que en cualquier momento podían avisarles de un niño, Lynda tenía la habitación del bebé lista y en espera. Luego de acostar al niño yo entré a la habitación y miré un poco. Las sábanas de la cuna eran suaves. Había un juguete móvil colgando inmóvil que esperaba le dieran vueltas.

Los pañales estaban agrupados ordenadamente en un cambiador. En la pared colgaba el hermoso verso:

> No es carne de mi carne,
> ni hueso de mis huesos,
> sin embargo, ¡milagrosamente mío!
> No olvides nunca, ni por un instante
> no naciste debajo de mi corazón sino dentro de él.

Una oleada de culpa me invadió. ¡Qué terrible error yo había cometido! Corrí al teléfono y llamé a Luci. ¡Era una decisión equivocada! A mucha gente, como a Jack y a Lynda, les encantaría la oportunidad de criar a su bebé. Me gustaría poder decir que Luci escogió tener su bebé, pero no sería verdad. Se enojó conmigo porque cambié de idea y siguió adelante con sus planes.

Es terriblemente difícil entender por qué una adolescente, que tiene varias parejas, sale embarazada y una mujer cristiana, casada es infértil. Eso no tiene sentido. Cuestionar la justicia de la vida sólo lleva resentimiento y hostilidad. Eso era lo que Ana había estado haciendo. Cuando llevó su amargura al Señor, con honestidad y vulnerabilidad, pudo dejarla allí. Entonces regresó a casa y esperó con tranquilidad.

Ana tiene un lugar en la Palabra de Dios y en el corazón de cada mujer porque ella confió en Dios en medio de sus pruebas y a pesar de estas. Dios la bendijo con un hijo y si tú estás leyendo este libro, en el tiempo perfecto de Dios, él te ha bendecido a ti también.

Dale gracias hoy a Dios porque, cualquiera que fuera tu circunstancia, escogiste la vida.

Día 27

Período de servicio

Cuando Elcaná salió con toda su familia para cumplir su promesa y ofrecer su sacrificio anual al Señor, **Ana no lo acompañó.**

—No iré hasta que el niño sea destetado —le explicó a su esposo—. Entonces lo llevaré para dedicarlo al Señor, y allí se quedará el resto de su vida.

—Bien, haz lo que te parezca mejor —respondió su esposo Elcaná—. Quédate hasta que lo destetes, con tal de que el Señor cumpla su palabra.

Así pues, Ana se quedó en su casa y crió a su hijo hasta que lo destetó.

Cuando dejó de amamantarlo, salió con el niño, a pesar de ser tan pequeño, y lo llevó a la casa del Señor en Siló. También llevó un becerro de tres años, una medida de harina y un odre de vino. Luego sacrificaron el becerro y presentaron el niño a Elí. Dijo Ana: "Mi señor, tan cierto como que usted vive, le juro que yo soy la mujer que estuvo aquí a su lado orando al Señor. Éste es el niño que yo le pedí al Señor, y él me lo concedió. Ahora yo, por mi parte, se lo entrego al Señor. Mientras el niño viva, estará dedicado a él." Entonces Elí se postró allí ante el Señor.

—1 Samuel 1:21-28

Alguna vez has prometido hacer algo a favor de alguien y cuando llega el momento realmente no quieres hacerlo? Si llevamos eso un poco más allá, ¿alguna vez has hecho un trato con Dios y luego te has retractado? ¿O has deseado hacerlo?

Piensa en Ana, en la angustia de su gravosa infertilidad, ella anhela un hijo y le promete a Dios que si le da un hijo, ¡ella se lo devolverá! Muchas de nosotras madres cristianas hablamos mucho de cómo queremos devolver nuestros hijos a Dios pero cuando hablamos de eso lo estamos haciendo en el reino espiritual, de una manera intangible. Ana sabía lo que decía cuando le dijo a Dios que le devolvería su bebé. Ella sabía que estaba diciendo que tomaría su bebé, lo llevaría al templo de Dios y lo dejaría allí. Lo que ella no pudo haber comprendido, como una mujer sin hijos, era cuánto le dolería hacerlo. De hecho, estoy segura de que fue lo más difícil que tuvo que hacer. Pasamos por alto las emociones que sin duda estuvieron presentes aunque no se mencionen. ¿Por qué iba Dios a explicar lo evidente? Está claro que una mujer que sentía un dolor emocional tan intenso por su infertilidad de ninguna manera sería fría, dura o indiferente cuando llegara el momento de dejar su bebé en el templo.

La cultura del Medio Oriente indica que lo más probable es que Samuel tuviera unos tres años, tal vez cuatro, cuando Ana lo llevó para el templo y lo dejó con Elí. ¿Cómo le explicó ella a esta personita lo que iba a hacer ese día? ¿Lo había estado preparando y preparándose ella desde el principio? Me asombra su fidelidad a Dios. Me pregunto, ¿podría yo haber cumplido con una promesa como esa? ¿Podría yo haber entregado a mi amado hijo? A cada paso de camino al templo Ana enfrentaba una decisión. Dios estuvo con ella mientras ella cumplía con su período de servicio. Ahora él se haría cargo.

Muchas personas no saben que el ex presidente George Bush y su amada esposa Bárbara tuvieron una hija, Robin, que murió a los tres años y medio de leucemia. Ellos completaron su período de servicio con esta preciosa niña al pasar muchos meses en un hospital de la ciudad de Nueva York. Acerca de la experiencia del hospital la señora Bush escribe en sus memorias:

> Fue una experiencia extraordinaria y, de una manera extraña, aprendimos cuán afortunados éramos. Conocimos personas que sólo tenían un hijo. Nosotros teníamos tres. Conocimos personas que no se amaban. Nosotros nos amábamos mucho... Teníamos una familia que nos apoyaba mucho y compartíamos. Teníamos amigos que nos ayudaban. Desde el punto de vista

financiero éramos afortunados pues nuestro seguro lo cubrió casi todo.

Y por último, pero no menos importante, creíamos en Dios. Eso marcó una diferencia enorme en nuestras vidas, en aquel momento y ahora.

La verdad es que ninguno de nosotros sabe cuánto tiempo tenemos para criar a nuestros hijos. No se nos da un itinerario ni una lista de servicio cuando llegamos al Campamento Bebé. No sabemos por cuánto tiempo se nos pedirá servir, pero podemos consolarnos en saber que seguimos a aquel que es Rey de reyes y Señor de señores.

Con sus propias fuerzas Ana nunca hubiera podido dejar a aquel niñito en el templo a sabiendas. Ni tampoco podemos nosotras madres cristianas cumplir con nuestra intención de dedicar nuestros hijos por completo al Señor. Muy a menudo los tomamos de nuevo, pensando tontamente que están mejor en nuestros brazos que en los de él, pero Elcaná tenía razón cuando dijo: "*que el Señor cumpla su palabra*" (versículo 23). Si el deseo de tu corazón es entregar tu bebé al Señor, confía en que él te mantendrá fiel durante tu período de servicio.

Pídele hoy a Dios valor para dedicarle tu bebé.

Día 28

Raciones

Bebe el agua de tu propio pozo,
el agua que fluye de tu propio manantial.
¿Habrán de derramarse tus fuentes por las calles
y tus corrientes de aguas por las plazas públicas?
Son tuyas, solamente tuyas,
y no para que las compartas con extraños.
¡Bendita sea tu fuente!
¡Goza con la esposa de tu juventud!
Es una gacela amorosa,
es una cervatilla encantadora.
¡Que sus pechos te satisfagan siempre!
¡Que su amor te cautive todo el tiempo!
—Proverbios 5:15–19

Durante la Segunda Guerra Mundial las tropas norteamericanas estaban conformadas no sólo por soldados, sino también por civiles del país. Se hizo un llamado a todos en la nación para que hicieran su contribución a la campaña solidaria con la guerra al prescindir de algo. La gran mayoría de las personas estuvo dispuesta a unirse al esfuerzo conjunto para ganar la victoria. Sus sacrificios en el racionamiento de la comida y la gasolina parecían triviales cuando se comparaban con el que los miles de jóvenes estaban dispuestos a hacer con sus propias vidas. La gente hizo inventarios de sus casas y rescataron todo tipo de materiales de desecho, desde llantas usadas y grasa para cocinar hasta medias para mujer. Si, hasta las medias de seda y nylon desempeñaron un papel importante cuando se reciclaron para producir artículos como paracaídas y bolsas para pólvora que usarían los jóvenes en otro continente.

Si estás dando de mamar a un bebé, puede que a tu esposo le pase por la mente que aquello que una vez fue el objeto de su afecto y pasión ahora se usa de manera muy práctica. Y pudiera parecerle un poco raro que aunque tus senos están ahora más llenos y redondos que nunca antes, él ni siquiera los puede tocar sin que tú te molestes con él porque te duelen o estás agotada o porque él ha provocado ese reflejo que hace "bajar" la leche. (¡Yo agradecí tanto cuando una mamá experimentada me dijo que mientras estuviera lactando necesitaría usar un sostén durante las relaciones sexuales! Ese consejo me sirvió de mucho para mi comodidad, o quizá mi disfrute, durante ese primer año. Por cierto, si la leche te baja mientras lees esto, pido disculpas.)

Durante estas primeras seis semanas tu vida amorosa debe estar estrictamente racionada. Aunque el sexo no tiene que ser una víctima de la guerra, estará en servicio inactivo. Oro para que tu esposo sea la personificación de la gracia y la comprensión durante ese tiempo. La mayoría de los médicos recomiendan un paréntesis en el contacto sexual de cuatro a seis semanas. Esto es por tu bien, mamá, desde el punto de vista hormonal, físico, emocional y de cualquier otra manera. Cuando llegue el momento de retomar esas relaciones, puede que te enfrentes a asuntos que antes no habías experimentado como menos deseo sexual y sequedad vaginal. En su libro *El poder de la esposa que ora,* Stormie Omartian ofrece consejos maravillosos para las madres de niños pequeños:

> Cuando tu esposo te diga lo que tiene en mente, como sólo un esposo lo puede hacer, no pongas los ojos en blanco ni suspires profundamente. En cambio di: 'Está bien. Dame quince minutos'. (O diez o veinte o el tiempo que necesites.) Durante ese tiempo haz algo para sentirte atractiva. Por ejemplo, date una ducha o un baño para relajarte. Ponte una loción perfumada o el perfume favorito de él. (Ten un perfume que sólo uses en estas ocasiones en que estás sola con él.) Peina tu cabello. Lava tu cara y prepárala con productos que hagan que tu piel luzca húmeda y fresca. Ponte brillo en los labios y rubor en las mejillas. Ponte ropa interior que sabes a él le resulta irresistible. No te preocupes

> por tus imperfecciones, él no está pensando en ellas. Si tienes algún complejo, ponte una hermosa bata de dormir que cubra esas partes que te molestan. Mientras lo haces, pídele a Dios que te dé energía renovada, fuerza, vitalidad y una buena actitud. Esperemos que cuando estés lista, tu esposo crea que valió la pena esperar. Te sorprenderá cuán mejor eres como compañera en las relaciones sexuales cuando te sientes bien con respecto a ti misma. Él estará más feliz y ambos dormirán mejor. Esta es una pequeña inversión de tiempo para ver grandes recompensas en tu matrimonio.

Recuerda que tú y tu esposo hicieron este bebé. Ustedes eran una pareja, unida por Dios, antes de que Él añadiera esta bendición de una familia. Cuando este hijo crezca y se vaya, ustedes volverán a ser una pareja. En los años venideros tu matrimonio pasará por épocas de pasión y épocas de sentido práctico. Incluso si tienes que racionar tu cuerpo, no restrinjas tu amor sino exprésalo espléndidamente con amabilidad y afecto. Mientras tu esposo respeta tu necesidad de recuperación yo oro para que él recuerde que ser padres es un esfuerzo conjunto. Su sacrificio personal contribuirá en gran medida a garantizar que te sientas cómoda y totalmente sanada.

Usa este tiempo de abstinencia para concentrarte en tu satisfacción espiritual con el Señor. Recuerda el máximo sacrificio pagado por ti por tu novio amoroso, Jesucristo. Su deseo es que tengas una fe apasionada, ya sea que estés en la montaña, en el valle o en algún punto en la meseta práctica de la vida cotidiana.

Alaba hoy a Dios por el esposo que te dio.

Día 29

DEC: La mamá norteamericana

Hermanos, consideren su propio llamamiento: No muchos de ustedes son sabios, según criterios meramente humanos; ni son muchos los poderosos ni muchos los de noble cuna. **Pero Dios escogió lo insensato del mundo para avergonzar a los sabios, y escogió lo débil del mundo para avergonzar a los poderosos.** *También escogió Dios lo más bajo y despreciado, y lo que no es nada, para anular lo que es, a fin de que en su presencia nadie pueda jactarse. 30 Pero gracias a él ustedes están unidos a Cristo Jesús, a quien Dios ha hecho nuestra sabiduría —es decir, nuestra justificación, santificación y redención— para que, como está escrito: "Si alguien ha de gloriarse, que se gloríe en el Señor".*

—1 Corintios 1:26-31

El término militar "PC" realmente salió de una frase coloquial que revelaba el desprecio de los soldados por el trabajo en la cocina. Era una tarea tan desagradable, mugrienta y oscura que comenzaron a llamar con burla "policía de cocina" a los que lo hacían. Pero si nuestros soldados no tenían comida, ¿cuánto tiempo sobrevivirían? Si comían en condiciones insalubres, ¿cuánto tiempo estarían en forma para pelear? Parece ser que adonde quiera que miramos nuestra cultura ha hecho un hazme reír de tareas ingratas pero cruciales, desde los obreros de limpieza hasta los maestros de escuelas públicas. Sin embargo celebramos a nuestras superestrellas deportivas y a la élite de Hollywood por el entretenimiento vacío que nos proporcionan y les pagamos con opulencia. ¿Será de extrañar que ya no sea popular ser una mamá cristiana piadosa?

Creo que para cada mujer el cambio es de "servicio activo" a "desaparecida en combate" (DEC) cuando escoge poner sus propios deseos egoístas por delante de lo que es mejor para su familia. En nuestra sociedad de "yo primero", la norma de Dios para una maternidad de sierva es algo extraño, pasado de moda e incompatible con la noción de la mamá de hoy que puede "tenerlo todo". Sencillamente no puedes tenerlo todo. En algún momento del camino hay que hacer sacrificios. ¿Quién los hará? ¿Tú o tu bebé?

Querida hermana cristiana, este nuevo trabajo que tienes, criar a tu hijo, el mundo no lo considera importante. (Si no lo crees, mira los salarios y beneficios que se pagan a los que cuidan niños en este país. No damos dinero suficiente porque pensamos que cualquiera puede hacerlo.) No creas las mentiras de Satanás ni por un instante. No será el mundo corporativo quien salvará a Norteamérica, ni los medios de comunicación, ni los considerados políticamente correctos, ni el gobierno y sin dudas tampoco la idea que tiene Hollywood de los valores familiares. No serán las mujeres mal pagadas, explotadas y exhaustadas en los centros de cuidado para niños que tratan de manejar a quince niños a la misma vez. Serán las madres piadosas que se ocupan de sus tareas cotidianas a favor de los más pequeños, orando en todo momento.

Cuando Dios te asigne a la "PC", oro para que no te encuentre "DEC", desaparecida en combate.

Ora hoy para que nuestra sociedad vuelva a considerar la crianza como un "servicio activo".

Día 30

Ausente sin permiso: Mi sueldo

Jesús envió a estos doce con las siguientes instrucciones: "No vayan entre los gentiles ni entren en ningún pueblo de los samaritanos. Vayan más bien a **las ovejas descarriadas del pueblo de Israel.** *Dondequiera que vayan, prediquen este mensaje: 'El reino de los cielos está cerca.' Sanen a los enfermos, resuciten a los muertos, limpien de su enfermedad a los que tienen lepra, expulsen a los demonios. Lo que ustedes recibieron gratis, denlo gratuitamente. No lleven oro ni plata ni cobre en el cinturón, ni bolsa para el camino, ni dos mudas de ropa, ni sandalias, ni bastón; porque el trabajador merece que se le dé su sustento".*

—Mateo 10:5-10

Cuando Jesús envió a los discípulos, les dio varias instrucciones: evangelizar al mundo para Cristo, dar libremente de nuestros recursos y de nuestras vidas y depender de nuestro gran y poderoso Dios para satisfacer cada una de nuestras necesidades. Sin dudas podemos aplicar las mismas directrices a nuestras vidas hoy, como cristianos, sabiendo que ya sea lo que hagamos en la vida, se nos ha dado la misma misión que a los apóstoles. Permite que el pasaje de hoy te hable directamente como nueva mamá y sustituye "las ovejas descarriadas" por el nombre de tu bebé; inserta el nombre de tu ciudad en lugar de "Israel." Ahora por favor toma un momento para volver a leer la Escritura.

Oh, querida madre, qué impacto puede tener esto en este mundo si escuchas a Cristo hablarte de la importancia de ese bebé que tienes en tus brazos. ¡Esta esa una vida con significado eterno! Tienes poder como nadie más porque eres la madre de ese hijo. Eres quien influirá en ese bebé para acercarlo o alejarlo de Cristo. Él te ha dado una oveja descarriada. ¿Asumirás la tarea servil y al mismo tiempo monumental de un pastor?

Si estás cambiando el mundo laboral por el del hogar, pronto descubrirás que un absurdo de tu nuevo papel como madre es ¡que no tiene sueldo! El trabajo más exigente, agotador y estresante del mundo no tiene dividendos financieros, ni plan de retiro, ni seguros y lo peor, no pagan las horas extras. Sin embargo, el contenido de trabajo por lo visto desafía las capacidades de cualquier persona.

Linda Weber define el trabajo de la maternidad. ¿Estás lista para leerlo? Una madre es:

- **quien alimenta**, cambia, baña, mece, hace eructar y abraza a un bebé
- **escucha el llanto**, las quejas continuas y miles de preguntas
- **recolectora de basura** y desechos en el piso
- **quien soluciona problemas**, determina el curso de acción y da charlas al que las necesite
- mensajera telefónica, quien recuerda las responsabilidades
- **consoladora**, da ánimo, consejera
- higienista
- **experta en lingüística** para dialectos de niños de dos años
- instructora de niñeras
- **quien escucha**, tanto al esposo como a los hijos, acerca de su día, sus necesidades, sus preocupaciones y sus aspiraciones
- **maestra de todo**, desde cómo masticar la comida hasta cómo manejar un auto
- **asistente** en los proyectos escolares

- **la que hace preguntas**, la que investiga para estimular el pensamiento
- **censora de televisión**, películas y libros
- **lectora** de miles de libros infantiles
- **planificadora** y anfitriona de cumpleaños infantiles
- **planificadora** y anfitriona de cenas para adultos
- **cocinera** de comida rápida para las comidas luego de la cena familiar de las que dependen los atletas insipientes
- **coordinadora** para hacer que arreglen un equipo o que den una limpieza profunda a la alfombra
- **exterminadora** de hormigas, cucarachas, avispas y otras plagas
- **historiadora** a cargo de álbumes de fotos, libros de bebés y registros escolares
- **fuente enciclopédica** para todas las preguntas difíciles
- **oficial del día** disponible para cualquier emergencia
- la que descongela el refrigerador
- **experta** en conservación de alimentos
- **secretaria** de la familia, la que confirma reservaciones para cenar, para viajes y para hoteles
- **la que escribe** a los enfermos, los que festejan o los generosos
- la **que guarda** y localiza los certificados de nacimiento y otros documentos valiosos
- **planchadora** de las arrugas en la ropa
- **saca turnos** para las visitas de la familia al médico, el dentista, el ortodoncista, el barbero y el mecánico
- **la que busca a Dios**
- **la que ora**
- **la que limpia** el horno, las gavetas, los armarios, el

garaje, las cortinas, la ropa de cama, las ventanas e incluso las paredes
- **lustradora** de los muebles
- **técnico médico** para emergencias y chofer de "ambulancias"
- **cónyuge romántica y atenta** del esposo
- **disfruta** los momentos en que nada pasa, nadie llama, nada pide atención.

—Tomado de *Mamá, ¡eres increíble!* de Linda Weber

Sí, soldado, tu sueldo está ausente sin permiso. Depende de Dios para satisfacer tus necesidades, y él lo hará. Él incluso te dará un sueldo, un sueldo de un tipo diferente. Sucede cuando menos lo esperas y tiene diversas formas. Algunos de los mejores "sueldos" que yo he recibido han sido cuando mis tres hijos me han dicho por primera vez: "Te quiero". O un beso húmedo y pegajoso sin motivo alguno. O un "Mami, ¡qué linda estás!" un agitado domingo en la mañana. Incluso puedes recibir sueldo de un extraño que se detiene en tu mesa en un restaurante lleno de personas y celebra a tus hijos por portarse bien.

Verás, la idea de riqueza de Dios es tan diferente a la nuestra. Él valora lo eterno. Él nos recuerda que acumulemos *tesoros en el cielo, donde ni la polilla ni el óxido carcomen, ni los ladrones se meten a robar.* (Mateo 6:20). Los tesoros del cielo serán las personas que llevemos con nosotros. Al reconciliar su manera de remunerar recuerda: para él tú mereces tu salario, para siempre.

Alaba a Dios por su provisión ¡y por los "sueldos" que vendrán!

Día 31

Impacto repentino

Entonces Débora le dijo a Barac:
—¡Adelante! Éste es el día en que el Señor entregará a Sísara en tus manos. ¿Acaso no marcha el Señor al frente de tu ejército?

Barac descendió del monte Tabor, seguido por los diez mil hombres. Ante el avance de Barac, el Señor desbarató a Sísara a filo de espada, con todos sus carros y su ejército, a tal grado que Sísara saltó de su carro y huyó a pie. Barac persiguió a los carros y al ejército hasta Jaroset Goyim. Todo el ejército de Sísara cayó a filo de espada; no quedó nadie con vida.

Mientras tanto, Sísara había huido a pie hasta la carpa de Jael, la esposa de Héber el quenita, pues había buenas relaciones entre Jabín, rey de Jazor, y el clan de Héber el quenita.

Jael salió al encuentro de Sísara, y le dijo:

—¡Adelante, mi señor! Entre usted por aquí. No tenga miedo.

Sísara entró en la carpa, y ella lo cubrió con una manta.

—Tengo sed —dijo él—. ¿Podrías darme un poco de agua?

Ella destapó un odre de leche, le dio de beber, y volvió a cubrirlo.

—Párate a la entrada de la carpa —le dijo él—. Si alguien viene y te pregunta: "¿Hay alguien aquí?", contéstale que no.

Pero Jael, esposa de Héber, tomó una estaca de la carpa y un martillo, y con todo sigilo se acercó a Sísara, quien agotado por el cansancio dormía profundamente. Entonces ella le clavó la estaca en la sien y se la atravesó, hasta clavarla en la tierra. Así murió Sísara.

Barac pasó por allí persiguiendo a Sísara, y Jael salió a su encuentro. "Ven —le dijo ella—, y te mostraré al hombre que buscas." Barac entró con ella, y allí estaba tendido Sísara, muerto y con la estaca atravesándole la sien.
Aquel día Dios humilló en presencia de los israelitas a Jabín, el rey cananeo. Y el poder de los israelitas contra Jabín se consolidaba cada vez más, hasta que lo destruyeron.

—Jueces 4:14-24

La oración a menudo nos lleva a actuar. Aunque podemos pasar mucho tiempo de rodillas hablando a Dios y presentándole nuestras peticiones, también necesitamos escuchar su voz, listos para escuchar sus instrucciones. Hoy y mañana estudiaremos a una mujer que a menudo se pasa por alto en la Biblia, una mujer que estuvo preparada cuando Dios la llamó al servicio activo.

El pasaje de hoy nos muestra a Israel luchando bajo la opresión de Jabín, un rey de Canaán. Ellos clamaron al Señor pidiendo ayuda. Dios escuchó las oraciones de Israel y envió su palabra mediante la profetiza Débora. Ella le dijo a un hombre llamado Barac que Dios le daría la victoria sobre Sísara, el líder del ejército de Jabín. Barac estaba indeciso de aceptar esta profecía, con razón. Después de todo, el ejército de Sísara estaba compuesto de 900 carros e Israel había estado 20 años bajo su dominio. Él le dijo a Débora que no iría a la guerra a menos que ella fuera con él. Débora estuvo de acuerdo pero le dijo a Barac que *por la manera en que vas a encarar este asunto, la gloria no será tuya, ya que el Señor entregará a Sísara en manos de una mujer* (versículo 9).

Así que Barac y un ejército de 10,000 hombres persiguieron a Sísara y a su ejército. Por el poder del Dios de Israel, ellos mataron a sus tropas, a cada hombre, con excepción del propio Sísara, quien abandonó su carro y corrió. Llegó hasta la tienda de Jael, la esposa de Héber el quenita. Los quenitas no eran israelitas aunque vivían entre ellos y aceptaban a su Dios. Estos quenitas eran conocidos por su manera de vivir tranquila, sencilla y hasta solitaria. En la época de esta batalla a los quenitas se les habría considerado una sociedad neutral porque *había buenas relaciones* [es decir, sin hostilidad] *entre Jabín, rey de Jazor, y el clan de Héber el quenita* (versículo 17). Sin embargo, a medida que se desarrollan los acontecimientos vemos que Jael era todo menos neutral con respecto a esta batalla.

Aunque Barac fue convocado por Débora con una palabra de Dios, hasta donde sabemos por las Escrituras, Jael no recibió instrucciones audibles de nadie. En cambio, Dios se encontró con Jael donde ella estaba, en su casa, y le dio la oportunidad de hacer algo que tendría un impacto en todo su país. Ella no tuvo un profeta que le diera el mensaje de Dios, como pasó con Barac. A diferencia de las mujer cristiana moderna, ella no tenía la Biblia con diversas traducciones para servirle de guía. No tenía radio ni televisión cristiana para mantenerla actualizada en los últimos sucesos; y no obstante, en medio de su aislado estilo de vida, el mundo llegó al umbral de su puerta. Ya que ella estaba lista y dispuesta, una ama de casa sin entrenamiento ni capacitación tuvo éxito en capturar y matar al poderoso Sísara, quien había evadido al gran guerrero Barac y se las arregló para escapar de la violenta masacre que destruyó a todo su ejército. ¡Cuán grande es la gloria de nuestro Dios! ¡Él usa a lo *menospreciado* para hacer lo *inimaginable* con resultados *inmejorables*!

El mundo ha llegado a tu puerta, mi hermana. Dios lo envolvió en un paquete pequeñito, suave y dulce y te ha dado la oportunidad de provocar un impacto. ¿Cómo?

- Preséntale a Cristo a tu hijo.
- Cría un hijo para que conozca la diferencia entre el bien y el mal.
- Enseña a tu hijo a orar: por su casa, por su iglesia, por su gobierno y por los misioneros cristianos.
- Modela un matrimonio cristiano de fe y perdón delante de tu hijo.
- Dile a tu hijo que lo amas.
- Muéstrale amor con tu tiempo.

Jael estuvo dispuesta a dejar a un lado la confusión y el temor que debe haber sentido y confiar en Dios. Ella realmente no sabía lo que hacía, pero sabía de qué lado estaba. Ella reconoció al enemigo. Se dio cuenta de la importancia del momento, de una oportunidad singular. Esta era una oportunidad única. No la dejó pasar, ni tú debes hacerlo tampoco.

Si quedarte en casa te resulta atractivo, date el lugar que te corresponde. Como los quenitas, las madres hogareñas pueden ser conocidas también por su manera de vivir tranquila, sencilla y a menudo solitaria; sin embargo están apoderándose de los días de la niñez que nunca pueden reemplazarse. Días que, contrario a ese estereotipo, ¡ven mucha acción y aventura! ¡Imagina qué podría lograrse en un hogar donde Cristo es la cabeza de la familia! ¿Estás preparada para invertir en la eternidad? ¿Estás lista para ver este tiempo de vida desde la perspectiva de Dios? Mañana hablaremos más de Jael.

Ora hoy para que Dios haga un impacto en el mundo a través de tu hijo.

Día 32

En la línea de fuego

¡Sea Jael, esposa de Héber el quenita,
la más bendita entre las mujeres,
la más bendita entre las mujeres
que habitan en carpas!
Sísara pidió agua, Jael le dio leche;
en taza de nobles le ofreció leche cuajada.
Su mano izquierda tomó la estaca,
su mano derecha, el mazo de trabajo.
Golpeó a Sísara, le machacó la cabeza
y lo remató atravesándole las sienes.
A los pies de ella se desplomó;
allí cayó y quedó tendido.
Cayó desplomado a sus pies;
allí donde cayó, quedó muerto.
—Jueces 5:24-27

Jael estaba simplemente haciendo sus tareas cotidianas cuando Sísara llega a su tienda. ¿No estaba Moisés cuidando de las ovejas cuando Dios le habló en la zarza ardiente? La hueste celestial apareció a un grupo de pastores que trabajaban en el turno de la noche.

Una mujer samaritana estaba ocupándose de sus labores diarias cuando conoció al Salvador en el pozo de la ciudad. Dios nos habla en el lugar donde nos encontramos: él está presente en lo rutinario de la vida de la misma manera poderosa que lo está en las experiencias cumbres, únicas, sensacionales y sobrenaturales. ¿Lo reconoces en la rutina? Yo creo que Jael lo hizo.

Sísara estaba en una batalla y corría tan rápido como sus piernas se lo permitían. Podemos imaginar que cuando Jael lo vio, vio a un guerrero asustado, sudoroso y jadeante que todavía miraba hacia atrás. Ella salió para encontrarse con él y lo condujo a su tienda, le mostró la hospitalidad acostumbrada que se le mostraba a un huésped apreciado. Cuando pidió agua, ella le dio leche fresca. Le hizo sentir tan a salvo y seguro en su hogar que inmediatamente se quedó dormido en la cama cálida que ella le ofreció.

¿Te parece que es una asesina manipuladora y despiadada? Cuando Jael se levantó esa mañana, ¿estaba planeando capturar a Sísara y matarlo? ¿Tenía idea de que su sencilla tienda estaría en la línea de fuego en esta batalla?

Pudiera haber esperado ayudar a Israel al ofrecer un lugar para que los soldados hebreos descansaran y se escondieran, pero lo menos que imaginaba era que ¡el comandante del ejército enemigo vendría a ella! Sin embargo, cuando este se apareció, ella estaba preparada con una mente aguda y una fuerte fe en Dios.

¿Qué podía usar ella? ¿Carros y espadas? No. Usó lo que tenía a mano: hospitalidad, comida y colchas. Cuando aquel hombre cruel y abusivo se quedo dormido, ella usó las únicas armas que tenía: un martillo y una estaca. Los quenitas eran un pueblo nómada y en muchas oportunidades Jael había armado su propia tienda. Ella usó las herramientas rudimentarias de su época para derrocar al violento general del propio rey Jabín. A pesar de los carros de hierro del enemigo y de su caballería, la victoria de Israel pertenecía al Dios que se gloría en nuestras debilidades, quien escoge "lo insensato del mundo para avergonzar a los sabios" (1 Corintios 1:27a).

Mary Farrar escribe en su libro *Choices* [Decisiones]:

> Me tomó tiempo llegar a entender el panorama general. Ver que Dios no está tan impresionado con nosotros como lo estamos nosotros mismos. Sí, él está muy al tanto de nuestros deseos y de nuestros dones (para empezar, fue él quien los puso allí), pero a él le interesa mucho más hacernos crecer, estirarnos, hacernos humildes, lograr en nosotros una obra más profunda. Puede hacerlo mediante la enfermedad, mediante

la desilusión. Puede hacerlo a través de una dificultad inesperada. Y sin lugar a dudas, lo hace mediante el proceso de una maternidad sacrificada. Dios usa tales momentos de nuestras vidas para lograr sus propósitos más grandes, para prepararnos para una obra que nosotros sencillamente no podemos ver desde nuestra perspectiva de hormigas.

Ayer hablamos acerca de Barac, un hombre que creía que veía el panorama general: los 900 carros de hierro de Sísara versus los 10,000 hombres israelitas a pie. Su visión era desde la posición estratégica humana, nuestra perspectiva "de hormiga" y no la del Señor. Jael vio a un comandante muy cansado que buscaba refugio y se dio cuenta no sólo de su oportunidad sino de su deber. Ella alcanzó a ver algo más grande que ella misma y con eso en mente, obtuvo la victoria. ¡La victoria para todo Israel! Victoria que no se debió a su propia fuerza sino porque su poder estaba en el Señor.

¿Puedes ver al Señor en tu debilidad? ¿Puedes identificarte con su sufrimiento y su dolor ahora más que nunca? ¿Tienes una apreciación más profunda de su amor divino, sabiendo ahora, de primera mano, el gran amor que siente un padre? Dios tiene un plan para ti, mamá. Usa lo que tienes y busca a Dios donde estás.

Ora para que, en los detalles de hoy, Dios te dé un vistazo del panorama general.

Día 33

Fuerzas armadas

Ya que has puesto al Señor por tu refugio,
al Altísimo por tu protección,
ningún mal habrá de sobrevenirte,
ninguna calamidad llegará a tu hogar.
Porque él ordenará que sus ángeles
te cuiden en todos tus caminos.
Con sus propias manos te levantarán
para que no tropieces con piedra alguna.
Aplastarás al león y a la víbora;
¡hollarás fieras y serpientes!
"Yo lo libraré, porque él se acoge a mí;
lo protegeré, porque reconoce mi nombre."
—Salmo 91:9-14

Cuando su primer bebé tenía seis semanas de nacido, mi amiga Tammie comenzó en un trabajo nuevo. Ella era una madre soltera y aunque deseaba poder estar en casa con su hijo, tenía que trabajar. Dios le fue fiel cuando ella garantizó el cuidado del niño con una amiga de confianza de la familia. Regresó a la fuerza laboral bajo las mejores circunstancias posibles para una persona en su situación. Sin embargo, un día ella me comentó:

—Quisiera estar embarazada todavía.

—¿Por qué? —le pregunté sorprendida.

—Porque cuando Zachary estaba dentro de mí, yo podía cuidarlo mejor –explicó ella tristemente–. Estaba con él todo el tiempo y podía protegerlo de todo.

Algunas de ustedes que están leyendo este libro están llegando al final de la licencia por maternidad y preparándose para regresar al trabajo. Oro para que el arreglo que hayas hecho para el cuidado de tu bebé sea el mejor que puedas darle fuera de hacerlo tú misma. Quiero darte una palabra de aliento, ya sea que estés preocupada por regresar a trabajar y dejar a tu bebé con una trabajadora de la guardería infantil o una niñera, o si simplemente estás tratando de volver a la iglesia y dudas en dejarlo con una trabajadora de la guardería de la iglesia (o incluso con una abuela): Cuando tú no puedes estar presente, puedes confiar en el Señor que siempre está con sus hijos. Sus fuerzas armadas celestiales están listas para pelear a favor nuestro. Han establecido su campamento alrededor de los creyentes y siempre se presentan con las palabras: "No temas."

El temor es una emoción peligrosa. Si somos honestas, reconoceremos que la mayoría de nosotras lucha con él todo los días de una manera u otra. La preocupación es simplemente otro nombre del temor. El temor es la ausencia de confianza. Es un ladrón que nos roba la tranquilidad.

Beth Moore, maestra de la Biblia, dice en su libro *El vivir es Cristo:*

> Yo sé lo que es dejar que el miedo consuma tu energía...yo tenía tanto miedo de perder a mi primer hijo por muerte en la cuna que apenas podía descansar. Cada pocas horas saltaba de la cama para ver si estaba respirando. Perder un hijo no era mi único temor. Desde el momento en que mi madre se convirtió oficialmente en una anciana, yo a menudo lloraba cuando regresaba de su casa a mi casa porque temía que algo pudiera pasarle antes de que yo volviera a verla.
>
> Si alguna de esas tragedias hubiera sucedido, todas mis noches sin dormir y mis mares de lágrimas no me hubieran ayudado en nada. Por fin Dios me enseñó a encauzar mis energías para conocerlo y amarlo a través de su palabra para poder estar preparada para cualquier cosa.

Yo siempre he sido una chofer súper cautelosa, en parte por sensatez y en parte por temor. La carretera es peligrosa. Los niños y yo hacemos una oración pidiendo protección cada vez que nos ponemos el cinturón, incluso antes de salir de la rampa de la casa. Cada vez que uno de los niños se monta en un auto con otra persona, yo ruego al Señor por su seguridad. Por alguna razón siempre me pareció que mis hijos estaban más seguros en el auto con su papá o conmigo. Hace unos meses, estaba parada en la luz roja de un semáforo, sentí el tremendo impacto de un camión pesado cuando chocaba con la parte de atrás de mi furgoneta. Mis dos hijos mayores estaban conmigo, sentados juntos en el asiento de atrás. En cualquiera otra ocasión, Danya hubiera estado sentada en el asiento del pasajero y David habría estado sentado justo detrás de mí. Todavía no estoy segura de cómo fue que ambos estaban sentados en el asiento de atrás pero, increíblemente, nuestras vidas se salvaron.

Aunque los niños no estaban donde se suponía que estuvieran, Dios los protegió y lo hizo de una manera que yo nunca hubiera podido lograr en mi humanidad, porque aunque yo estaba manejando, estábamos en el camino del peligro. A pesar de que mi tonto orgullo quiere decir que yo tengo el control, no es así. Aunque soy extremadamente cuidadosa, no puedo proteger a mis hijos de lo desconocido, independientemente de cuánto me preocupe al respecto. Aunque ahora hay ocasiones (y vendrán, estoy segura) en que yo quisiera poder protegerlos de nuevo en mi vientre, en algún momento u otro tengo que entender que mis hijos están mejor en manos de Dios y yo tengo que entregárselos a él y dejarlos ahí.

Confíale a Dios con lo que él te ha confiado.

Día 34

Tu uniforme

Porque nuestra lucha no es contra seres humanos, sino contra poderes, contra autoridades, contra potestades que dominan este mundo de tinieblas, contra fuerzas espirituales malignas en las regiones celestiales. **Por lo tanto, pónganse toda la armadura de Dios, para que cuando llegue el día malo puedan resistir hasta el fin con firmeza.** *Manténganse firmes, ceñidos con el cinturón de la verdad, protegidos por la coraza de justicia, y calzados con la disposición de proclamar el evangelio de la paz. Además de todo esto, tomen el escudo de la fe, con el cual pueden apagar todas las flechas encendidas del maligno. Tomen el casco de la salvación y la espada del Espíritu, que es la palabra de Dios. Oren en el Espíritu en todo momento, con peticiones y ruegos. Manténganse alerta y perseveren en oración por todos los santos.*

—Efesios 6:12-18

Durante el verano pasamos mucho tiempo en el estadio de béisbol. Debo reconocer que luego de un largo y cálido día de verano con los niños bajo los pies de uno, ¡hay algo extrañamente tranquilizador al verlos enjaulados en un cerco de alamabrado de púas!

Nos vino muy bien que este año Danya y David pueden jugar juntos en el mismo equipo de la liga de 5 a 8 años. En esta liga hay todo tipo de niveles de experiencia entre los niños. Algunos de los niños de cinco años han jugado béisbol desde que eran pequeñitos. Para algunos de los niños de 8 años es su primera temporada. Por supuesto, uno no siempre puede diferenciar cuáles son los experimentados y cuáles los novatos hasta que los ve jugar.

En uno de nuestros primeros juegos de esta temporada una chica alta y rubia se puso en base. Llevaba un uniforme blanco reluciente, una cola de caballo recogida debajo de la gorra y un guante de bateo en la mano derecha. Se puso en la base con confianza, trazó una línea junto a la base con su bate y se cuadró. Era obvio que esta chica sabía jugar pelota.

¡Primer strike!

¡Segundo strike!

¡Tercer strike!

¡Hasta el onceno strike! (En nuestra liga uno batea hasta que logra un hit.)

Los fanáticos estaban petrificados. Esta chica parecía pelotera. Actuaba como pelotera, pero no podía darle a la pelota. Era su primera temporada, no sabía hacerlo. No había recibido ningún entrenamiento y no tenía experiencia.

Lástima que *el hábito no hace al monje.* ¿No sería divertido ponerse un uniforme y jugar como un profesional? ¿O cuando tu bebé está enfermo, poder colgarte un estetoscopio en el cuello e instantáneamente hacer un diagnóstico? ¿Y si pudieras ponerte una toga negra, tomar el mazo y adquirir de una vez la sabiduría y el discernimiento de un juez del tribunal supremo?

La mayoría de los reclutas recibe un par de botas y varias jornadas de fatiga durante la primera semana de entrenamiento, pero ¿eso los convierte en soldados? Claro que no. Es como el traje de Superman de mi hijo David; es divertido ponérselo, pero ¡de todos modos no puedes volar! Sin el entrenamiento y el trabajo arduo, el uniforme realmente no encaja.

¿Con qué te vistes para ser mamá? Quizá has cambiado un "traje de poder" o algún otro uniforme de una profesión por pantalones deportivos y una camiseta. (¡Habrá días en que al mediodía estarás con la ropa de dormir!) Y lo que es más importante, ¿qué te pones para ser cristiana? El pasaje de hoy tiene la respuesta. La Biblia nos da todo un vestuario para la mujer cristiana, independientemente de a qué se dedique. Puedes usarlo cada día ¡y siempre está de moda con el Maestro Diseñador! No tienes que preocuparte por lavar esta ropa, los buches y otras secreciones corporales no le hacen ningún daño. Los senos que gotean no oxidan esta armadura, ni tampoco las lágrimas. Y el cinturón de la verdad, ¡gracias a Dios!, es talla única.

Tal vez como nueva mamá te sientas un poquito como aquella pelotera: tienes todo el equipamiento necesario y tienes puesta la ropa indicada, y sin embargo sientes que cada día te estás ponchando. ¡Sigue bateando! Dios no lleva la cuenta de nuestros ponches. Como el papá de aquella niñita, tu Padre sólo sigue animándote.

Estas primeras semanas son un intenso período de entrenamiento. Saldrás al otro lado llevando un uniforme de "mamá" que realmente te sirva. ¡Pronto te quedará bien! Ser madre es parte instinto, lo admito de buena gana; sin embargo, en su mayoría es experiencia cotidiana. Es aprender al hacer, al escuchar, al observar y al orar. Piensa en los doce discípulos. Cuando Jesús los llamó, él pudiera haberles dado un conocimiento instantáneo y completo de Dios. En cambio, los hizo pasar por los tres años de entrenamiento diario. Imagina el campo de entrenamiento de los apóstoles: vivir con Jesucristo y aprender al hacer, al escuchar, al observar y al orar. Incluso en aquel entonces hubo entre ellos uno que parecía un discípulo, pero tristemente no lo era.

Mientras Dios te enseña hoy, recuerda que no es el uniforme lo que cuenta sino el entrenamiento.

Día 35

Cese al fuego

Canten al Señor, ustedes sus fieles;
alaben su santo nombre.
Porque sólo un instante dura su enojo,
pero toda una vida su bondad.
Si por la noche hay llanto,
por la mañana habrá gritos de alegría.
Cuando me sentí seguro, exclamé:
"Jamás seré conmovido."
Tú, Señor, en tu buena voluntad,
me afirmaste en elevado baluarte;
pero escondiste tu rostro,
y yo quedé confundido.
A ti clamo, Señor soberano;
a ti me vuelvo suplicante.
¿Qué ganas tú con que yo muera,
con que descienda yo al sepulcro?
¿Acaso el polvo te alabará
o proclamará tu verdad?
Oye, Señor; compadécete de mí.
¡Sé tú, Señor, mi ayuda!
—Salmo 30:4-10

Parte de tu iniciación en la maternidad es el inevitable turno de noche. Algunas noches Danya simplemente estaba *despierta.*

Estaba sencillamente aprendiendo que las noches eran para dormir. Así que nos sentábamos juntas en la mecedora, sus enormes ojos de bebé me observaban en el cuarto oscuro. Era un tiempo dulce. Yo nunca había visto una carita tan hermosa como la de ella.

Sin embargo, en algunas noches yo quedaba relegada a caminar en mi puesto, como un soldado, con un bebé gritando en mi hombro en lugar de un rifle. Yo hacía de todo para tranquilizarla cuando tenía malas noches. Probé echar a andar la aspiradora, el ventilador del baño, un humidificador y ver las retransmisiones a las 3:00 de la mañana (a ella no la entretenía).

Nunca olvidaré la primera noche que pude dormir completa después de que Danya nació. Yo tenía puestas mis zapatillas de correr y le dije a Rich: "No tiene sentido que me quite los zapatos. En un par de horas estaré recorriendo el apartamento." Y puse la cabeza en la almohada con los pies colgando por un costado de la cama. ¡Cuando me desperté era por la mañana! El despertador de Rich me despertó. Esto es exactamente lo que pasó por mi cabeza: *¿Qué hora es? Eso fue el despertador de Rich. ¡Dormimos toda la noche!¡Ay, no! ¡Algo malo le pasa a la niña!* Salí corriendo para su habitación y encontré que Danya, también, estaba empezando a despertar de dormir su primera noche completa. Finalmente, como un cese al fuego. Íbamos de camino a lo normal.

¿Anhelas un cese al fuego en las demandas de esta nueva vida? ¿Te levantas sintiendo que estás en el comienzo de una carrera de obstáculos diaria en la que lactar, cambiar pañales y una tonelada de tareas más asoman ante ti como grandes túneles, neumáticos y cuerdas? Esta no es la vida a la que estás acostumbrada, ¿verdad? No sientes que eres tú y sin dudas no te pareces a ti. ¡Ni siquiera hueles a ti! ¿Quién iba a decir que esta personita podía estremecer tu mundo con una fuerza tan grande?

Es agotador satisfacer las demandas de un bebé las 24 horas del día. A Jesús le resultaba bastante agotador satisfacer las demandas de multitudes de personas que clamaban por sanidad y anhelaban sus enseñanzas. Incluso el desarrollar vínculos estrechos con su grupo de discípulos llevaba tiempo y energía emocional. Él necesitaba descansar. Necesitaba alejarse.

En nuestra cultura, en el mejor de los casos, sería tomarse unas vacaciones.

Semanalmente, sería el día del Señor.

Diariamente, serían las siestas y los contestadores automáticos.

Y momento a momento, sería tu relación con el Dios Todopoderoso. Mientras él te exige para encajar en su idea de maternidad, recuerda: Él es tu ayuda. Apóyate en él a cada minuto del día y la noche. Pronto, una mañana, ¡te despertarás con los zapatos puestos!

Alaba a Dios por el turno de la noche, ¡dicen que regresa cuando los chicos son adolescentes!

Día 36

Conversaciones de paz

Todos fallamos mucho. Si alguien nunca falla en lo que dice, es una persona perfecta, capaz también de controlar todo su cuerpo.
Cuando ponemos freno en la boca de los caballos para que nos obedezcan, podemos controlar todo el animal. Fíjense también en los barcos. A pesar de ser tan grandes y de ser impulsados por fuertes vientos, se gobiernan por un pequeño timón a voluntad del piloto. **Así también la lengua es un miembro muy pequeño del cuerpo, pero hace alarde de grandes hazañas. ¡Imagínense qué gran bosque se incendia con tan pequeña chispa!** *También la lengua es un fuego, un mundo de maldad. Siendo uno de nuestros órganos, contamina todo el cuerpo y, encendida por el infierno, prende a su vez fuego a todo el curso de la vida.*
El ser humano sabe domar y, en efecto, ha domado toda clase de fieras, de aves, de reptiles y de bestias marinas; pero nadie puede domar la lengua. Es un mal irrefrenable, lleno de veneno mortal.

—Santiago 3:2-8

Durante la Segunda Guerra Mundial, la nación estaba muy preocupada ante el peligro de espías nazis. Los agentes enemigos eran reales y su misión era sabotear los negocios y la industria en los Estados Unidos. El pueblo norteamericano se unió y juntos vigilaban para proteger a su país. Tomaron precauciones extremas como no dar partes meteorológicos durante dos años para no ayudar a los ataques aéreos del enemigo. Ya que los espías que habían sido capturados podían pasar fácilmente por "gente normal", el pueblo estaba muy consciente de que podían amenazar la seguridad de la nación con simplemente decir algo equivocado a la persona equivocada. "Los labios sueltos hunden naves" se convirtió en un slogan popular que los estadounidenses usaban para recordarse unos a otros los riesgos que enfrentaban en conjunto. Es una frase que todavía usamos hoy para ilustrar el potencial dañino de nuestras palabras.

Las palabras sí tienen poder. Con la palabra Dios creó el día cuando ordenó: "¡Que exista la luz!" (Génesis 1:3). Con la palabra Jesús dio vida a nuestra eternidad cuando anunció: "Todo se ha cumplido" (Juan 19:30). Somos hechos a imagen de Dios, él nos ha dado autoridad mediante nuestras propias palabras. Somos capaces de matar y destruir con nuestras palabras. Por otro lado, nuestras palabras nos permiten dar vida y sanidad también.

Hace varios años Danya estaba en un programa de "Mamá sale de paseo" un día a la semana. Había una mamá que siempre que dejaba a su hijo permitía que salieran de su boca palabras zahirientes a su hijo: "¡Entra! Me alegra tanto estar libre hoy de él. Pensé que no iba a aguantarte hasta que llegáramos a este lugar. Tuvimos una mañana terrible, ¡pero hoy estoy libre! Me voy."

Me dolía el corazón, por ambos. Nadie quiere ver a un niño humillado así por su madre y cuando pensé en todo lo que ella estaba perdiendo al ceder de manera egoísta a una diatriba verbal, también sentí dolor por ella. Yo creo que cada día vivimos en una zona de guerra; luchamos con Satanás por nuestros hijos y por nuestras familias. Por supuesto, Jesucristo ha ganado la guerra, pero cada día hay batallas que enfrentar. Muchas pueden ganarse o perderse con el arma de nuestras palabras.

Puede que te hayan dado este consejo como recién casada: "No dejen que el sol se ponga estando aún enojados" (Efesios 4:26). Aplícalo a toda la vida familiar. A la hora de dormir en nuestra casa se ora y se conversa con cada hijo de manera individual. Si algo está molestando a alguien, en ese momento sale (si es que no ha sucedido antes). Es parte de una rutina nocturna que ha evolucionado de mecer y cantar, a leer, conversar y orar. Estas "conversaciones de paz" influyen mucho en un buen descanso durante la noche para todos nosotros. Nos ayudan a fomentar un cimiento de buena comunicación con nuestros hijos, que es importante ahora y seguirá siéndolo en el futuro. Satanás es un espía malvado con una multitud de disfraces que anhela entrar y sabotear nuestros hogares cristianos. Tenemos que ser vigilantes para cuidar de nuestras familias día y noche, y buscar abrazarlos, protegerlos y amarlos con nuestras palabras.

Pídele a Dios sabiduría y discernimiento con las palabras que hablarás hoy.

Día 37

Placa de identificación

Con la lengua bendecimos a nuestro Señor y Padre, y con ella maldecimos a las personas, creadas a imagen de Dios. **De una misma boca salen bendición y maldición. Hermanos míos, esto no debe ser así.** *¿Puede acaso brotar de una misma fuente agua dulce y agua salada? Hermanos míos, ¿acaso puede dar aceitunas una higuera o higos una vid? Pues tampoco una fuente de agua salada puede dar a gua dulce.*

—Santiago 3:9-12

Alguna vez has pensado en las lindas plaquitas como las de los perros que usan los soldados? En realidad son placas militares de identificación que debe usar en todo momento el personal de las fuerzas armadas. Estas contienen información limitada pero esencial acerca de la persona que las usa: nombre, número de seguro social y tipo de sangre. Sin embargo no ofrecen ningún dato acerca de la personalidad de su portador como: gran bailarín, artista, dador generoso o le gusta mucho leer.

Lamentablemente, tenemos la tendencia de clasificar a las personas de manera muy similar. En lugar de intentar explorar el carácter de una persona, optamos por catalogar. Sin tomarnos el tiempo para conocer su personalidad, calificamos a una persona por la primera impresión. (¿Recuerdas la secundaria?) Todos somos culpables de juzgar por la apariencia. De hecho Camille Lavington ha escrito un libro titulado *You've Only Got Three Se-*

conds [Tienes solamente tres segundos], en el que afirma que en los tres primeros segundos de conocer a una persona se forman "juicios irreversibles". Recuerdo que me enseñaron que "uno sólo tiene una oportunidad para dar una primera impresión", pero Camille Lavington tiene razón: ¡la presión es grande! ¡Solo tres segundos!

Nos guste o no, la verdad es que esas primeras impresiones no son siempre acertadas. Rich y yo, y muchas otras parejas que conozco, no estaríamos siquiera juntas si hubiéramos establecido una convicción inquebrantable en esa primera impresión. Es importante llegar a conocer a las personas de adentro hacia fuera más que de afuera hacia adentro.

Esto también se aplica a los niños. ¿A cuántos niños se ha catalogado falsamente en los años preescolares? ¿O incluso siendo bebés? Los bebés lloran. Muchas beses es difícil llevarse bien con ellos. Hay días en que son tercos. Hay días en que están de mal humor y tienen mal genio. Pero por favor no catalogues a un niño por los aspectos negativos de su personalidad y tampoco permitas que ninguna otra persona lo haga. Anne Ortlund ha escrito un libro premiado cuyo título es *Children Are Wet Cement*, en el que ella explica que tenemos una gran libertad en el desarrollo de la personalidad de nuestro hijo simplemente mediante las características que escojamos afirmar. Esta filosofía viene directamente del libro de Proverbios. En Proverbios 12 la Biblia nos dice que con nuestras palabras piadosas tenemos poder para:

- **rescatar** *"la boca de los justos los pone a salvo"* (versículo 6b)
- **prosperar** *"Cada uno se sacia del fruto de sus labios"* (versículo 14a)
- **sanar** *"la lengua del sabio brinda alivio"* (versículo 18b
- **animar** *"una palabra amable lo alegra"* (versículo 25b)

Lo contrario también es verdad. El libro de Santiago, en el Nuevo Testamento, nos dice: *También la lengua es un fuego, un mundo de maldad. Siendo uno de nuestros órganos, contamina todo el cuerpo y, encendida por el infierno,[a] prende a su vez fuego a todo el curso de la vida. (*Santiago 3:6). ¡Ay!

Cuando David tenía unos 10 meses estábamos en Wal-Mart y él estaba sentando en el carrito de compras. Tenía una sonrisa pícara en el rostro cuando una de las empleadas comenzó a jugar con él. Ella le dijo: "¡Oh! Eres un diablillo, ¡de veras! ¡Tú mantienes a mami muy ocupada!"

Me volví hacia esta mujer tan calmada como pude y le contesté: "David es un niño cariñoso. Es un niño muy bueno y doy gracias a Dios porque es mi hijo."

Mientras empujaba el carro tan rápido como pude, susurré un regaño severo y rechacé las palabras que ella había proferido contra mi hijo. *¡Yo me lo tomo en serio! No insultes a mi hijo.*

Estoy segura de que yo me veía cómica regañando a aquella vendedora detrás de un colgador de ropas en Wal-Mart. A decir verdad, su comentario se barrió rápido y las palabras no tuvieron efectos duraderos. Sin embargo, "el poder de la palabra" funciona en ambas direcciones. Podemos ser una "fuente de vida" (Proverbios 10:11), o podemos neciamente esparcir calumnias y daño con nuestra conversación.

Dios, por favor ayúdanos como padres a afirmar y animar con nuestro hablar, a verdaderamente bendecir a nuestros hijos con nuestras palabras. Que los cataloguemos de manera positiva y que con amor disciplinemos lo negativo en nuestros hijos, que nos tomemos el tiempo para amar tanto a la persona como a la personalidad.

Dale gracias a Dios hoy por las categorías reafirmantes de cristiana, esposa y nueva mamá.

Día 38

Correspondencia

Alégrense siempre en el Señor. Insisto: ¡Alégrense! Que su amabilidad sea evidente a todos. El Señor está cerca.6 No se inquieten por nada; más bien, en toda ocasión, con oración y ruego, presenten sus peticiones a Dios y denle gracias. Y la paz de Dios, que sobrepasa todo entendimiento, cuidará sus corazones y sus pensamientos en Cristo Jesús.
Por último, hermanos, consideren bien todo lo verdadero, todo lo respetable, todo lo justo, todo lo puro, todo lo amable, todo lo digno de admiración, en fin, todo lo que sea excelente o merezca elogio. **Pongan en práctica lo que de mí han aprendido, recibido y oído, y lo que han visto en mí,** *y el Dios de paz estará con ustedes.*

—Filipenses 4:4-9

No te encanta recibir correspondencia? ¡La tecnología computarizada de la actualidad me ha permitido intercambiar correspondencia con personas de quienes nunca he recibido una verdadera carta! Es emocionante, ya sea en papel o por correo electrónico, recibir palabras afectuosas de parte de alguien que quieres.

Mi madre llevaba un pequeño libro de bebé para mí en el que ella escribía cartas breves, todas antes de que yo cumpliera tres años. Ha sido especial para mí desde que aprendí a leer. Su amor brota de cada palabra para decirme que soy muy especial.

Con ese precedente en mente, comencé a llevar un diario para mis hijos. Mi plan es darle a cada hijo un diario terminado cuando se acerquen a la adolescencia, en algún momento entre los 11 y los 13 años. En estos libros he escrito las historias de sus nacimientos, el lugar especial de cada uno de ellos en nuestra familia e incluso algunos consejos sinceros acerca de temas vergonzosos de la adolescencia que pudieran ser difíciles de tratar. Están registrados allí las navidades y cumpleaños; y en los últimos años he tenido el gran gozo de escribir las historias de la salvación de mis hijos para proteger esos preciosos recuerdos de sus tempranas decisiones por Cristo. Me imagino entregar estos diarios a cada hijo con emoción y celebración, casi como un ritual de transición, para ellos y para mí. Mi meta es transmitir a través de estos libros mi amor hacia ellos y lo especial que cada hijo es.

Gracias a Dios por esas cartas inspiradoras del apóstol Pablo en el Nuevo Testamento. ¿Cómo hubiera sobrevivido la iglesia primitiva (y la iglesia actual) sin esas cartas conmovedoras escritas por un hombre cuya vida fue transformada completamente por el Cristo resucitado? Mediante su consejo, sus enseñanzas doctrínales y su honestidad personal, Pablo le dio a la iglesia algo que esta necesitaría mucho para poder sobrevivir y crecer: ánimo. Cuando pienso en lo que mis hijos necesitarán como adolescentes, estos diarios se convierten en mi plan de acción de ánimo para ayudarlos a pasar por los años de madurez de manera que ellos, también, sobrevivan y crezcan.

Estos son algunos extractos de los diarios de mis hijos:

> Querida Danya:
> El domingo pasado fue el Día de las Madres y tuvimos el servicio de dedicación de bebés en Carmel. Fuiste un encanto todo el tiempo, fascinada con la iglesia y con el cantante. Hicimos el compromiso de dedicarnos a criarte en la Palabra, a enseñarte acerca de Jesús y a orar siempre por ti. Oramos para que permitas que Jesús sea el Señor de tu vida y que aceptes su salvación. Él te ama mucho, Danya, y tiene un plan maravilloso para tu vida. Escúchale, sé su niña.
> Me deleita verte crecer.

> Querido David:
> Eres el bebé más precioso y maravilloso. Eres tan dulce, con una sonrisa siempre lista y una risa juguetona. Me encanta abrazarte, besarte y acurrucarte. Estos momentos son tan breves... Nos detuvimos en Greenbriar antes de regresar a casa en Paducah, y la

abuela te estaba diciendo que fueras médico, "¡e hicieras algo por este mundo!" lo dijo medio en broma, por supuesto; pero esto es lo que tengo que decir: Haz lo que te haga feliz, porque la gente feliz y llena del Espíritu Santo son quienes realmente hacen más por este mundo. Ama a Jesús y pasa tu vida (independientemente de la profesión que escojas) relacionando a otros con él.

Querido Derek:
¡Cuánto te amo, chiquitín! (¡Así es como te llamamos!) David está loco contigo. A veces es un poco rudo en sus juegos, pero tú apenas te quejas. Y tu hermanita se deleita en ser una mamita para ti. Vas cada mañana a la puerta de su cuarto para ver si está despierta... Estás a punto de caminar, jovencito; ¡no pasará mucho tiempo antes de que lo hagas! Oro para que camines en sus pasos, en los pasos de nuestro maestro, Jesucristo. Su mano está en tu vida, Derek; él tiene un plan y un propósito para ti. ¿Cuál será? Él te lo mostrará.

Yo escribía en el diario de Danya cada mes. Por lo tanto, estaba lleno incluso antes de que David naciera. Los libros de los chicos no están completos, pero si algo me sucediera mañana (Dios no lo quiera), ellos tendrían evidencia escrita de mi amor. Las madres pensamos en esas cosas, como ya sabes.

Dios también lo pensó. Él escribió la historia de su amor por nosotros. Cada vez que sentimos necesidad de su amor o de que se nos recuerde que somos especiales, lo único que tenemos que hacer es leer el libro que él nos dio. ¡Su amor brota en cada palabra!

Dale gracias a Dios hoy por las dulces cartas de amor que él te ha escrito.

Día 39

M*A*S*H

La justicia y el derecho son el fundamento de tu trono,
y tus heraldos, el amor y la verdad.
Dichosos los que saben aclamarte, Señor,
y caminan a la luz de tu presencia;
los que todo el día se alegran en tu nombre
y se regocijan en tu justicia.
Porque tú eres su gloria y su poder;
por tu buena voluntad aumentas nuestra fuerza.
Tú, Señor, eres nuestro escudo;
tú, Santo de Israel, eres nuestro rey.

—Salmo 89:14-18

Hace varios años escuché un sermón de Andy Stanley que cambió mi vida. Él señalaba que cuando nosotros los cristianos vemos televisión de forma indiscriminada, estamos permitiendo que nos entretenga el mismo pecado por el cual nuestro Cristo sufrió y murió. Nos estamos riendo en respuesta al pecado por el que Dios respondió con el sacrificio de su único hijo. Desde entonces soy más cuidadosa en cuanto a mis opciones para el entretenimiento.

¡Esto hace que sea muy difícil seleccionar algo bueno en la televisión! Sin embargo, a veces Rich y yo vemos alguna reposición de M*A*S*H después de que los niños se acuestan. Algunos de los programas no me gustan mucho, pero a medida que el personaje del padre Mulcahy se desarrolla, algo interesante sucede. Se reconoce la presencia de Dios. Eso hace que esta comedia/drama difiera bastante de muchos programas de televisión en los que no se hace referencia a Dios aparte de usar mal su nombre para expresar asombro, disgusto, sorpresa, horror, etc. En su descripción realista de las personas que sirvieron de manera tan fiel a nuestro país en la guerra de Korea, los escritores de M*A*S*H escogieron incluir a un capellán católico que es genuino, no una burla estereotipada de un hombre con el hábito sino de una persona real que luchó junto a todos los demás por tratar de entender el porqué la guerra. Él es sincero, vulnerable y genuino, los demás lo respetan y lo reconocen como que tiene una relación con el Dios Todopoderoso.

Cuando el padre Mulcahy es parte de una escena, ésta por naturaleza adquiere un tono diferente; es su presencia, el solo hecho de que él esté ahí. Esto me recuerda la diferencia que puede producirse en nuestras vidas cuando reconocemos la presencia de Dios. Aunque no podemos verlo con nuestros ojos físicos, podemos estar conscientes de su proximidad que es muy real, al mismo tiempo que él habita en nuestro caminar cristiano. Cada nueva mañana tenemos la oportunidad de tener comunión continua con él, momento a momento. ¿Será que esto depende sólo de estar conscientes de su cercanía? Parece simple pero no es fácil. ¿Cómo obtenemos esta consciencia de Dios y mujer, habitando juntos? Mi autora cristiana favorita, Anne Ortlund, nos dice en su libro *Fix Your Eyes on Jesus* [Fija tus ojos en Cristo]:

> **Primero, pídeselo a él.** Yo sé lo que hago cuando me quedo sola: Me inclino a vagar, Señor, ¡puedo sentirlo!, me inclino a dejar al Dios que amo. Pídeselo. A él le encanta que lo hagas.
> **Segundo, coopera con él.** ¡Vota en contra de tu desobediencia natural! Sigue impulsándote a formar el hábito.

Ahora que tienes un recién nacido a tu alrededor, ¿no estás consciente de su presencia? ¡Claro que sí! Hay rastros de él donde quiera que mires, "pañales y toallitas" aparecen en la lista de compras. Sábanas de cuna dan vueltas en la secadora, y un chupete fuera de alcance en el sofá. Y lo escuchas, lo hueles, lo ves, lo tocas y lo besas.

Sin embargo, has estado consciente de él desde que te enteraste de que existía, muy dentro de ti. Tal vez en las etapas iniciales de tu embarazo, cuando las visitas al médico eran pocas y distanciadas y todavía no se veía tu barriga, tus actividades diarias no se veían tan afectadas por tu hijo. En cambio, una vez que supiste que estabas embarazada, no podías olvidarlo. A medida que tu barriga comenzó a crecer con su vida, se hizo evidente a todos que eras mamá. A medida que pasaban las semanas y los meses, en lo único que podías pensar era en tu bebé. Todo lo que hacías, grande o pequeño, tenía la influencia de su presencia. Y ni siquiera podías verlo.

Me pregunto si seríamos mejores cristianas si cuando Cristo entrara en nuestros corazones hubiera un cambio físico evidente, como con el embarazo, algo que no pudiera negarse, evidente para los extraños, un cambio tan evidente como la nariz en tu cara. Pero como explica Anne Ortlund: "el hábito de practicar Su presencia no se produce 'por arte de magia'. **Comienza con deseo y continúa con disciplina.** No es algo automático, se aprende, como cuando alguien se inicia en una fraternidad o club hasta que por fin son parte de la hermandad."

Anhelo estar en su compañía las 24 horas del día. Tal vez recuerdes que el personaje del padre Mulcahy no tenía límites en M*A*S*H. Durante los once años que M*A*S*H estuvo en televisión, él estuvo en todo tipo de escenario, desde el salón de operaciones hasta el club de oficiales. Dios tampoco tiene límites; ya sea que lo reconozcas o no, él está presente tanto en la tienda de campaña como en la sala posoperatoria. Comencemos hoy, no sólo a vivir para él sino a vivir con él.

Ora hoy para que Dios ponga en ti el hábito de practicar su presencia.

Día 40

Renunciar

Al tercer día se celebró una boda en Caná de Galilea, y la madre de Jesús se encontraba allí. También habían sido invitados a la boda Jesús y sus discípulos. **Cuando el vino se acabó, la madre de Jesús le dijo:**

—Ya no tienen vino.

—Mujer, ¿eso qué tiene que ver conmigo? —respondió Jesús—. Todavía no ha llegado mi hora.

Su madre dijo a los sirvientes:

—Hagan lo que él les ordene.

Había allí seis tinajas de p iedra, de las que usan los judíos en sus ceremonias de purificación. En cada una cabían unos cien litros. [a]

Jesús dijo a los sirvientes:

—Llenen de agua las tinajas.

Y los sirvientes las llenaron hasta el borde.

—Ahora saquen un poco y llévenlo al encargado del banquete —les dijo Jesús.

Así lo hicieron. El encargado del banquete probó el agua convertida en vino sin saber de dónde había salido, aunque sí lo sabían los sirvientes que habían sacado el agua. Entonces llamó aparte al novio y le dijo:

—Todos sirven primero el mejor vino, y cuando los invitados ya han bebido mucho, entonces sirven el más barato; pero tú has guardado el mejor vino hasta ahora.

—Juan 2:1-11

Jesucristo tuvo madre. Ella está presente, por supuesto, al comienzo de su vida terrenal, y está también a los pies de la cruz, cuando él lo entrega todo. También María su madre está a su lado, involucrada con él, en la escena del primer milagro de Jesús que se encuentra registrado: la boda en Caná, donde Jesús convierte el agua en vino. Este pasaje es rico en significado, pero enfoquémonos en este pequeño libro, concentrémonos en la relación entre Jesús y su mamá.

Imagina la escena: un glorioso festival del matrimonio, un evento verdaderamente espléndido. María está ahí con su hijo, su hijo perfecto, santo y justo. ¿Consideró ella alguna vez la idea de que él le daría nietos? ¿Está tal vez imaginando si Jesús pudiera conocer a alguien en la boda que le guste? ¿Alguna vez puso ella sus ojos en una joven doncella judía que pudiera ser una buena esposa para él?

El ángel le dijo que a este bebé que fue concebido dentro de ella por el Espíritu del Dios Todopoderoso lo llamarán Hijo del Altísimo. *Le dijo que* Dios el Señor le dará el trono de su padre David, y reinará sobre el pueblo de Jacob para siempre. Su reinado no tendrá fin *(Lucas 1:32b-33). Gabriel no mencionó nada con respecto a cargos falsos, una cruz, un asesinato, ni tampoco una tumba prestada. Ahora Jesús tiene 30 años. ¡María sabe que él es especial! Pero no creo que conozca su futuro inmediato e inevitable. (Dios debe haberle ahorrado eso o ella se hubiera vuelto loca.)*

Tal vez María observa la confusión y los murmullos entre los sirvientes y pronto se da cuenta de que no hay más vino. *¡Qué terrible humillación para el anfitrión!*, piensa ella. Uno de los sirvientes la mira. Sus ojos temerosos le confirman sus sospechas. María sabe que estos sirvientes serán culpados y duramente castigados por este error. El anfitrión, por supuesto, será la comidilla de todo el pueblo durante años por dar una fiesta en que se acabara el vino. Los amigos y enemigos se reirán de él por igual. En este momento realmente no importaba de quién era la culpa. Es un problema que al parecer no tenía salida. María siente compasión por todos los involucrados. Con mucho esfuerzo para ser discreta, ella le dice bajito a Jesús: "Se les acabó el vino."

Y aquí está Jesús, el invitado principal. Él es un narrador de cuentos, un conversador alegre a quien le encanta estar alrededor de la gente. Él le contesta de manera despreocupada, entre bocados: "Querida mujer, ¿qué quieres que haga al respecto?" Yo me imagino a mi Jesús, el hijo de María, con una sonrisa en el rostro. Él es un hijo adorado por su madre que sabe bien lo que ella quiere que él haga. Ellos tienen una relación especial, después de todo, él también es su hijo amado. Cuando él levanta la vista de su plato para mirarle a los ojos, ella ve que él comprende su preocupación por la reputación de su amigo y su compasión por los sirvientes que serán los más afectados por la situación, y ella sabe que incluso esto a él también le concierne. De pronto él se pone serio y por un instante cambia su semblante. Él sabe que ella no entenderá, pero lo dice de todas maneras: *Todavía no ha llegado mi hora* (versículo 4b).

Algo sucede entre ese último comentario de Jesús y lo que María les dice a los sirvientes: *Hagan lo que él les ordene* (versículo 5b). Me gustaría sugerir que Jesús y su mamá se miran a los ojos durante este encuentro. Están de acuerdo, hay franqueza. Esta química especial entre madre e hijo es un factor que no debe pasarse por alto cuando se leen estos versículos. Él está diciéndole que su tiempo de morir, su cruz, todavía no ha llegado, pero él lo está anunciando. Este milagro que ella piensa que se está iniciando es, en realidad, el comienzo del fin de su vida humana. Él ha compartido tanto con su madre. Sin embargo, aunque le resulta difícil decirle lo que va a suceder, una parte de él quiere que ella lo sepa. Pero ella todavía no está preparada, no está lista para escucharlo. Ella sabe que él puede hacer algo con relación a la situación de ese mismo momento, y eso es todo lo que ella quiere. Entonces, ¿qué pasó entre las líneas de los versículos cuatro y cinco?

¿Él sonrió?

¿Afirmó con la cabeza?

¿Movió la cabeza alegremente ante la transparencia de su madre?

No lo sé, pero él accedió y honró a su madre. Incluso con el consentimiento de él, ella instruyó a los sirvientes.

Ora para que Dios bendiga tu relación con tu hijo y sea una relación donde haya honor y respeto de ambas partes junto con una humildad y amor como las de Cristo.

Día 41

Todo en la línea del deber

Al tercer día se celebró una boda en Caná de Galilea, y la madre de Jesús se encontraba allí. También habían sido invitados a la boda Jesús y sus discípulos. Cuando el vino se acabó, la madre de Jesús le dijo:
—Ya no tienen vino.
—Mujer, ¿eso qué tiene que ver conmigo? —respondió Jesús—. Todavía no ha llegado mi hora.
Su madre dijo a los sirvientes:
—Hagan lo que él les ordene.
Había allí seis tinajas de piedra, de las que usan los judíos en sus ceremonias de purificación. En cada una cabían unos cien litros.
Jesús dijo a los sirvientes:
—Llenen de agua las tinajas.
Y los sirvientes las llenaron hasta el borde.
—Ahora saquen un poco y llévenlo al encargado del banquete —les dijo Jesús.
Así lo hicieron. **El encargado del banquete probó el agua convertida en vino sin saber de dónde había salido, aunque sí lo sabían los sirvientes que habían sacado el agua.** *Entonces llamó aparte al novio y le dijo:*
—Todos sirven primero el mejor vino, y cuando los invitados ya han bebido mucho, entonces sirven el más barato; pero tú has guardado el mejor vino hasta ahora."

—Juan 2:1-11

Espero que hayas reconocido el pasaje anterior. Vamos a verlo hoy de nuevo y por tercera y última vez mañana.

Jim Cymbala, pastor del Tabernáculo de Brooklyn, dice en su libro *Fuego vivo, viento fresco* que es parte de la naturaleza de Dios sentirse atraído hacia nuestra debilidad. Por lo tanto, es muy característico de Jesús, el hijo de Dios, estar presente en el evento social de la temporada, entre gran cantidad de personas prominentes y sin embargo, estar enfocado en los sirvientes, sirvientes que ni siquiera soñarían con ser invitados a este tipo de función de la alta sociedad. Estas personas, a quienes el mundo define como anónimos, nada, gente sin importancia, son los escogidos por Dios para ser los primeros en ver la gloria del Señor. ¿No es algo típico de él?

Comprendamos lo desesperado de su situación. La celebración de una boda judía podía durar hasta una semana. Durante ese tiempo era responsabilidad del anfitrión, el dueño, proveer la comida y la bebida. Era una marca terrible para la familia que no estuviera preparada adecuadamente para esta ocasión única en la vida. El hecho singular de que los sirvientes estuvieran dispuestos a escuchar a Jesús (para ellos él era una invitado desconocido) indica la profundidad de la desesperación de ellos; no tenían a quién volverse, así que estaban dispuestos a hacer cualquier cosa. Estuvieron dispuestos a depender de Jesús en lugar de depender de sí mismos. ¿Quién hubiera adivinado que en esta situación tan desesperada estos sirvientes conocerían al verdadero Dueño?

Dios, a propósito, iguala el papel de la madre al de un sirviente. Cuando a María se le dijo que se convertiría en madre, ella se llama a sí misma *la sierva del Señor* (Lucas 1:38). Es por diseño de Dios que los humanos nacemos completamente dependientes de otro para nuestra supervivencia. Una madre es una sierva para un alma totalmente indefensa; ese es el plan perfecto de Dios. En esto se nos recuerda a su hijo quien *se rebajó voluntariamente, tomando la naturaleza de siervo* (Filipenses 2:7) para salvar a nuestras almas indefensas.

Tú eres la encargada principal de cuidar y el único sustento de tu bebé en este momento. Esta es una revelación para ti y para tu hijo. De la misma manera, Dios nos revela su gloria cuando "nacemos de nuevo" en la vida cristiana. Como un bebé, debemos llegar a un punto de total dependencia del Señor, buscando que sea él quien principalmente nos cuide y sea nuestro único sustento.

Piensa cuán rápidamente tú respondes al llanto de tu bebé. ¿Estas presta a cambiar esos pañales sucios y las sábanas de la cama? ¿Estás lista para dar de mamar o con la botella cuando llega el momento de comer? Todo eso está en la línea del deber para una nueva mamá. ¡Abraza tu rol de sierva! Dios te está dando vida, hermana, formando en ti la mente de Cristo. Realmente estás sirviendo a Dios con cada abrazo, con cada baño, con cada palmadita en la espalda. Apóyate en él confía en él cuando te sientas abrumada por las circunstancias. Tú también verás el agua convertirse en vino, y serás la primera en saber de dónde vino.

Dale gracias a Dios por la obra que comenzó y está completando en ti.

Día 42

Graduación

Al tercer día se celebró una boda en Caná de Galilea, y la madre de Jesús se encontraba allí. También habían sido invitados a la boda Jesús y sus discípulos. 3 Cuando el vino se acabó, la madre de Jesús le dijo:

—Ya no tienen vino.

—Mujer, ¿eso qué tiene que ver conmigo? —respondió Jesús—. Todavía no ha llegado mi hora.

Su madre dijo a los sirvientes:

—Hagan lo que él les ordene.

Había allí seis tinajas de piedra, de las que usan los judíos en sus ceremonias de purificación. En cada una cabían unos cien litros. [a]

Jesús dijo a los sirvientes:

—Llenen de agua las tinajas.

Y los sirvientes las llenaron hasta el borde.

—Ahora saquen un poco y llévenlo al encargado del banquete —les dijo Jesús.

Así lo hicieron. El encargado del banquete probó el agua convertida en vino sin saber de dónde había salido, aunque sí lo sabían los sirvientes que habían sacado el agua. Entonces llamó aparte al novio y le dijo:

—Todos sirven primero el mejor vino, y cuando los invitados ya han bebido mucho, entonces sirven el más barato; pero tú has guardado el mejor vino hasta ahora.

—Juan 2:1-11

Felicitaciones! ¡Pasaste el campamento militar para madres! Qué sensación tan maravillosa.

¿Has visto algunos cambios en ti, mamá? Estas primeras seis semanas han abierto tus ojos al servicio, a un amor que no sabías que tenías en ti para dar. Mira atrás y recuerda el primer momento en que viste a tu bebé. ¡Sujeta fuerte ese asombro, esa dicha, esa felicidad que detuvo el corazón y que se produjo cuando tus ojos lo vieron o la vieron por primera vez! Eso, querida hermana, es amor a primera vista. No hay nada como ese primer momento. Ahora es un recuerdo que puedes atesorar y saborear por el resto de tu vida.

¿No son increíbles los cambios que has visto en tu bebé? La vida con tu hijo será cada vez mejor y mejor. No va cuesta abajo. Siempre es algo que evoluciona. Cada día ese bebé crece en pos del plan que Dios tiene para su vida, al igual que tú. ¡Cada uno es parte del plan del otro! Son fundamentales para aquello en lo que el otro se convierta.

El plan de Dios para ti es que instruyas a ese hijo en el camino que debe andar. No vas a quedarte con él. Lo estás preparando. Salomón dijo que los hijos son "como flechas en las manos del guerrero" (Salmo 127:4). Afilemos nuestras flechas con oración y con la enseñanza de la Palabra de Dios para que las enviemos a traspasar la oscuridad con la luz de Jesucristo. Entonces, cuando nuestros hijos se marchen de casa, no perderemos nada sino que lo ganaremos todo.

En nuestra relación siempre en desarrollo con el Señor Jesucristo él se revela a nosotros continuamente, cuando se lo pedimos. Y de hecho, él sí deja lo mejor para el final, cuando por fin le veremos *cara a cara* (1 Corintios 13:12). Sin embargo, así como nuestros hijos tienen que separarse de nosotros para ser las personas que Dios ha planeado que sean, Jesús tuvo que separarse de su condición de hijo con María. ¿Recuerdas cuando desde la cruz él le dijo a ella y a su discípulo Juan: *Mujer, ahí tienes a tu hijo* (Juan 19:26), queriendo decir que Juan debía darle un hogar? Tal vez ahí hay un significado más profundo. Anne Ortlund sugiere en su libro *My Sacrifice, His Fire* [Mi sacrificio, Su fuego], que al decir esto Cristo "en realidad estaba haciendo la ruptura final en la relación física entre [su madre y él]." Anne lo explica más al citar al autor Russell Bradley Jones: "[María] descubrió que la relación de la salvación es más grande que la relación familiar. Ella aprendió que era mejor tener a [Cristo] como su Salvador y Señor que tenerlo como su hijo." ¡Él dejó lo mejor para el final!

He escuchado a mujeres luego de las primeras seis semanas llevar a su bebé a la guardería y decir: "Bueno, ese bebé realmente no hace nada. No me estoy perdiendo nada." ¡Aguarda un momento! Ahora que has llegado al final de este duro campamento militar, pronto vas a experimentar la primera sonrisa de tu bebé. Nadie quiere perderse eso. Luego las risitas. Y pronto se descubrirá los deditos de los pies. (Eso es una diversión para todo el mundo.) Ahora que se ha completado el ajuste a esta vida terrenal, y tu bebé extraterrestre se da cuenta de que es humano (y tú estás comenzando a estar de acuerdo), ¡ahora empieza la diversión! Comienza con esa primera sonrisa, en cualquier momento a partir de ahora.

La graduación. Un momento para nuevos comienzos. Este es el final de tu estadía en el campamento militar Bebé, pero es el comienzo del resto de tu vida. Los "primeros" han comenzado. Llegó la hora de conocer a tu bebé, a medida que este pasa menos tiempo comiendo, llorando y ensuciando pañales y más tiempo explorando, observando e imitando. Es hora de jugar a esconderse y aparecer y mecerlo como si montara a caballo. El final de las primeras seis semanas. Respira con alivio: ¡Uf! ¡Alabado sea Dios! Te graduaste.

Agradécele a Dios por la nueva vida con Jesús ahora y por su promesa de graduación para la vida eterna en el cielo que un día llegará.

